Nadire Cavus
Diyar Qader Saleem Zeebaree

Transformação Contourlet para ocultação de dados

Nadire Cavus
Diyar Qader Saleem Zeebaree

Transformação Contourlet para ocultação de dados

ScienciaScripts

Cover image: www.ingimage.com

This book is a translation from the original published under ISBN 978-3-659-88646-1.

Publisher:
Sciencia Scripts
is a trademark of
Dodo Books Indian Ocean Ltd. and OmniScriptum S.R.L publishing group

120 High Road, East Finchley, London, N2 9ED, United Kingdom
Str. Armeneasca 28/1, office 1, Chisinau MD-2012, Republic of Moldova, Europe
Managing Directors: Ieva Konstantinova, Victoria Ursu
info@omniscriptum.com

Printed at: see last page
ISBN: 978-620-8-52553-8

ÍNDICE

PREFÁCIO

Nos últimos anos, o tema da ocultação de informação sobre a aprovação do direito de propriedade tem sido eficaz. Muitos algoritmos apareceram para trabalhar no desenvolvimento de técnicas eficientes de ocultação prática do direito de propriedade. O presente livro será útil para investigadores e estudantes interessados no estudo do processamento de imagens. Este livro explica em pormenor a ocultação de dados e a marca de água. Além disso, explicámos estes conceitos através de equações adequadas.

O presente livro inclui seis capítulos que expressam resumidamente o seguinte:

Capítulo Um: Este capítulo contém uma introdução sobre o processamento de informação e imagem.

Capítulo Dois: Este capítulo apresenta os conceitos básicos da ocultação de dados e da marca de água, com uma revisão do conceito de marca de água. Além disso, as classificações da marca de água são explicadas em pormenor.

Capítulo III: Este capítulo analisa os domínios mais importantes das aplicações de marcas de água e a estrutura geral dos sistemas de marcas de água.

Capítulo IV: Este capítulo apresenta a transformada de contourlet e as suas principais etapas explicadas em pormenor.

Capítulo 5: Este capítulo apresenta a decomposição.

Capítulo Seis: Este capítulo aborda algumas investigações anteriores sobre a ocultação de dados e as especificações mais importantes das transformações de contorno, bem como trabalhos anteriores que foram efectuados para representar a imagem digital caracterizada através de transformações de contorno.

Prof. Dr. Nadire Cavus

Diyar Qader Saleem Zeebaree

maio, 2016

Nicósia-Chipre

Universidade do Próximo Oriente

Esperamos que goste de ler o fruto dos nossos esforços e que este livro o ajude a obter uma perspetiva geral sobre a ocultação de dados e a marca de água. Por fim, esperamos que seja útil na sua vida futura.

LISTA DE ABREVIATURAS

DFB:	Directional Filter Bank
LP:	Laplacian Pyramid
PDFB:	Pyramidal Directional Filter Bank
QFB:	Quincunx Filter Bank
SVD:	Singular Value Decomposition
TCP:	Transmission Control Protocol
VDFB:	Vertical DFB
FCLT:	Fast Contour Let Transformation
ICLT:	Invers Contour Let Transformation
CLT:	Contour Let Transformation

CAPÍTULO 1

INTRODUÇÃO

O desenvolvimento das tecnologias de processamento da informação e o rápido crescimento da comunicação através da Internet resultaram na transferência fácil das fontes de informação (Ramana, Babu e Babu, 2011). Devido à espionagem eletrónica, a segurança dos dados tornou-se o centro de interesse, especialmente nos sectores governamental e militar e noutros domínios das comunicações (Alam, Bappee e Khondker, 2011). Uma vez que a Internet é considerada um ambiente aberto, surgiu a necessidade de disponibilizar meios eficazes para impedir que os dados sejam copiados ou manipulados ilegalmente e, entre essas técnicas, encontra-se a técnica de cifragem, que é considerada uma das técnicas tradicionais de segurança dos dados.

As técnicas de cifragem protegem os dados secretos transformando-os num formato pouco claro antes de os transferir entre as duas partes transmissoras (Ramana, Babu e Babu, 2011). Mas a forma desses dados encriptados pouco claros suscita dúvidas e chama a atenção do intruso que tenta descodificar a informação enviada ou destruí-la. Por outro lado, o desenvolvimento da ocultação de informação ofereceu outra solução para proteger os dados, empregando certas tecnologias que se baseiam na transferência de dados secretos de uma forma que oculta a existência de uma comunicação secreta (Lee e Tsai, 2011).

Nos últimos anos, o tema da ocultação de informação sobre a aprovação do direito de propriedade tem sido eficaz, muitos dos algoritmos apareceram para trabalhar no desenvolvimento de técnicas eficientes de ocultação prática do direito. Nos últimos anos, muitas tecnologias estão a tornar-se dependentes da proteção da sua posse e da prova da sua rentabilidade e, devido ao recente desenvolvimento no domínio da documentação digital, a ciência da marca de água desenvolveu-se enormemente para a incorporação da informação neste tipo de domínio (prova de propriedade). Assim, o processo de ocultação dos dados de propriedade dentro do documento é acelerado com o desenvolvimento que está a ganhar nos métodos de representação de documentos. É também evidente que nos últimos anos surgiram muitas transformações para representar as imagens digitais, incluindo transformações wavelet e curvas e, finalmente, transformações contourlet.

O desenvolvimento da informática resultou num rápido crescimento no domínio das tecnologias da informação e na ampla difusão das redes (Tewari e Saxena, 2010) . A distribuição do multimédia digital tornou-se um meio importante para prestar serviços em todo o mundo através de campanhas de marketing, sítios de comércio eletrónico e, em resultado da utilização crescente do conteúdo do multimédia, surgiram muitos problemas, incluindo a falsificação, a cópia ilegal e a pirataria informática (Dua, 2012).

O surgimento da Ciência da Ocultação ofereceu várias soluções no âmbito da segurança da informação, uma vez que emprega tecnologias que se caracterizam pela credibilidade no campo da comunicação digital, que se tornou recentemente a tecnologia digital mais utilizada com o aumento da importância dos multimédia digitais (Guyeux e Bahi, 2010). A necessidade de proteger estes multimédia e a necessidade de alcançar certos meios para fornecer a proteção da propriedade intelectual aos inovadores e distribuidores e verificou-se que a solução ideal para ultrapassar estes problemas que estão relacionados com a fiabilidade dos conteúdos digitais para as duas partes, o produtor e o consumidor, é incluir marcas de água visíveis ou invisíveis nos multimédia. Os direitos de autor e os direitos de transmissão são considerados a chave de ouro para a criação deste multimédia.

CAPÍTULO 2

OCULTAÇÃO DE DADOS E MARCA DE ÁGUA

2.1 Ocultação de dados

É a ciência da ocultação da comunicação secreta e o termo ocultação refere-se a manter a mensagem secreta não reconhecida em caso de descoberta da comunicação secreta por uma pessoa não autorizada durante a transmissão da mensagem secreta incluída no digital. Multimédia e é considerada a melhor solução para a transferência de dados de forma secreta e segura através da Internet (Tai e Chang, 2009). A Figura 2.1 mostra uma série de tecnologias utilizadas para ocultar a informação e estas formas ocuparam, ao longo do tempo, uma atenção considerável no domínio da fiabilidade e da privacidade dos dados (Sikarwar, 2010).

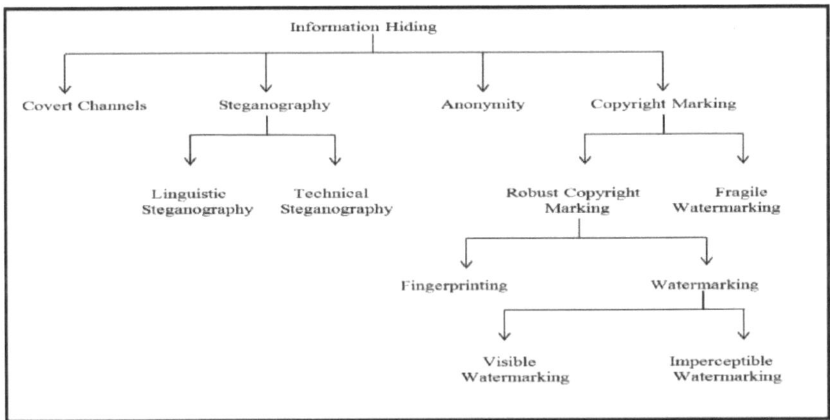

Figura 2.1: Classificação das tecnologias de ocultação de informação

2.1.1Converter canais

A tecnologia de comunicação entre duas ou mais pessoas é descrita como a via de comunicação utilizada para a transferência secreta de dados através das redes de comunicação e estes canais não existem na prática e não fazem parte dos protocolos das redes informáticas, mas exploram os protocolos comuns da Internet e alguns dos protocolos de comunicação inexplorados são utilizados para ocultar os dados secretos, como é o caso do campo de opção no protocolo Transmission Control Protocol (TCP) (Goudar e Edekar, 2011).

2.1.2Esteganografia

É um dos ramos da ocultação de informação que são utilizados para trocar dados secretamente e incorporar esses dados na cobertura de transmissão sem reconhecer a existência desses dados. Para o conseguir, podemos utilizar diferentes formatos de ficheiro (Sikarwar, 2010). O principal objetivo da esteganografia é realizar a comunicação secreta de uma forma que não possa ser descoberta e evitar suspeitas, uma vez que esta forma visa impedir que os outros pensem que existem dados ocultos e que a ocultação pode falhar na consecução deste objetivo se houver suspeitas de que os dados existem (Khalil, 2011).

2.1.3Anonimato

É o domínio que trata da proteção das identidades dos clientes, quer se trate de uma identidade de remetente ou de destinatário, ou de ambas (Goriac, 2011).

2.1.4Marcação de direitos de autor

Trata-se de um tipo de propriedade que pode ser comprada ou transmitida (Pun e Lam, 2009). Nos últimos anos, as tecnologias de direitos de autor e de transmissão protegeram os direitos de propriedade, o que permite ao utilizador incluir dados secundários no conteúdo digital de uma forma que não pode ser reconhecida, mas que pode ser lida através da utilização de alguns programas para os descobrir (Run et al., 2012). O sinal pode ser robusto, o que significa que pode ser retirado após os ataques, ou pode ser frágil, o que significa que a alteração dos suportes nele incluídos resulta na sua perda.

2.1.4.1 Recolha de impressões digitais

A impressão digital é considerada a mais famosa entre as várias medidas biológicas, uma vez que é considerada única para cada pessoa e é amplamente utilizada para verificar a identidade e a personalidade (Chouhan, Mishra e Khanna, 2012).

2.1.4.2 Marca de água

É um ramo da ciência da ocultação de informação e é utilizado para ocultar a informação relacionada com a propriedade na multimédia digital (Kamble, 2011). Para proteger os direitos de autor e garantir a fiabilidade dos dados e a comunicação secreta (Alvarez et al., 2012). As técnicas de marcação digital podem ser descritas como a operação em que uma marca distinta é incluída em vários tipos de multimédia digital, tais como textos, fotografias, ficheiros áudio e vídeo, sem causar qualquer distorção na cobertura do anfitrião, sendo possível, numa fase posterior, descobrir estes dados e extraí-los para diferentes fins. A marca de água pode ser um logótipo, um selo de marca registada, direitos de autor (Kamble, 2011) .

2.2 Marca de água

A tecnologia de marca de água abriu a porta aos autores e editores para protegerem os seus direitos nesses suportes. Estas tecnologias são representadas pela inclusão de determinadas informações que impedem a cópia ilegal, a violação dos direitos de autor e a transmissão, descobrindo a manipulação de dados. O objetivo da marca de água é provar a fiabilidade do conteúdo digital e controlar o acesso ilegal aos dados, não limitando o acesso à multimédia digital.

Em geral, a marca de água pode ser dividida em dois tipos principais, visível e invisível. Estes dois tipos principais partilham os requisitos gerais para efeitos de incorporação na imagem que abrange estes requisitos.

2.2.1Impercetibilidade

Refere-se à qualidade da cobertura após a incorporação da marca de água (Huang e Fang, 2010). A marca de água deve ser escondida nos dados de cobertura sem causar qualquer influência que possa ser notada a olho nu (Singh, 2011). E é impossível distinguir a imagem resultante da imagem de cobertura original (Huang e Fang, 2010).

2.2.2Robustez

A robustez da marca de água é definida como a medida em que a marca de água resiste aos ataques e a capacidade de extrair a marca de água depois de sofrer esses ataques e a incapacidade desses ataques para remover os dados incorporados ou distorcê-los (Huang e Fang, 2010).

Algumas caraterísticas que devem estar disponíveis para obter uma marca de água robusta:

Maior carga útil: Deve ser caracterizado pela sua capacidade de incluir uma grande quantidade de dados, mesmo no caso da existência de muitos ataques, deliberados ou não, e sem causar distorção na cobertura de transporte (Dukhi, 2011).

Simplicidade computacional: As complicações computacionais são um dos conceitos que devem ser tidos em consideração aquando da conceção do algoritmo robusto de marca de água. A robustez, do ponto de vista científico, deve corresponder a menos complicações computacionais aquando da inclusão e recuperação da marca, uma vez que, nesse caso, o seu benefício será limitado nas aplicações reais (Dukhi, 2011).

2.2.3Capacidade

Refere-se à quantidade de dados que podem ser incorporados na cobertura (Katariya, 2012) .

2.2.4Segurança

Descobrir o algoritmo secreto de incorporação de dados é considerado um dos problemas de segurança mais difíceis, pelo que o segredo da incorporação de dados deve resistir a todos os potenciais ataques que impeçam o cumprimento do objetivo desejado da marca de água (Nyeem, Boles e Boyd, 2011).

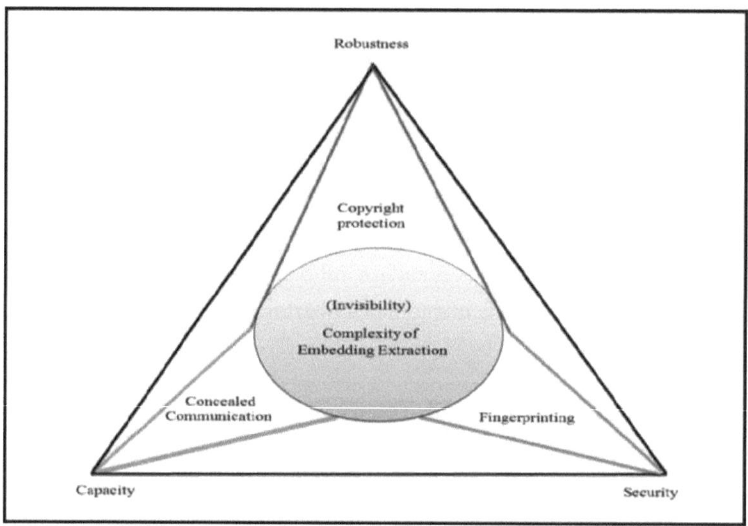

Figura 2.2: Os fundamentos do Watermarking (Nyeem, Boles e Boyd, 2011)

A Figura 2.2 realça a necessidade de encontrar um equilíbrio entre a robustez e a capacidade, tendo em conta os outros requisitos aquando da conceção do algoritmo de marca de água (Yershov e Rusakov, 2010). Como o aumento da quantidade de dados resulta numa distorção da qualidade da cobertura e diminui a robustez contra os ataques (Singh, 2011). Assim, a densidade óptima dos dados deve ser escolhida aquando da incorporação, a fim de obter a melhor ocultação. Em geral, nem todos os requisitos mencionados podem ser satisfeitos de forma eficiente ao mesmo tempo. Na maior parte dos casos, a caraterística de robustez deve estar disponível para alcançar os direitos de autor, porque essas técnicas exigem resistência contra os ataques e isso corresponderá a esconder uma quantidade relativamente pequena de dados (Mohamed, Sathik e Sujatha, 2010). Tendo em conta que o tamanho da cobertura utilizada na incorporação da marca de água deve ser maior do que o tamanho da marca de água (Patel, Shrawankar e Thakare, 2011).

2.3 Classificação das técnicas de marca de água

A classificação das técnicas de marca de água depende de um dos seguintes coeficientes, como mostra a Figura 2.3 (Chandra, Pandel e Chaudharl, 2010).

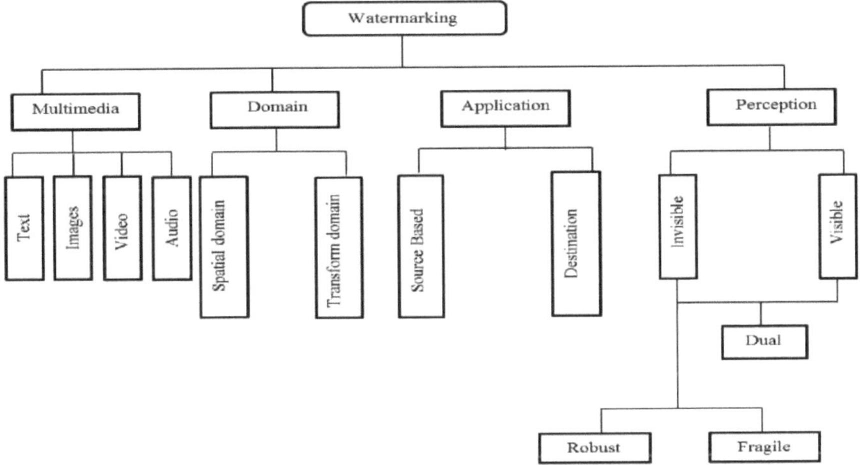

Figura 2.3: Classificação das técnicas de marca de água (Chandra, Pandel e Chaudharl, 2010)

2.4 Categorias de marcas de água

A marca de água divide-se em quatro categorias (Katariya, 2012):

a) ***Texto:*** Adicionar a marca de água aos ficheiros de texto (ficheiros PDF e DOC).

b) ***Imagem:*** Adicionar a marca de água aos componentes da imagem.

c) ***Vídeos:*** Adicionar a marca de água aos ficheiros de vídeo para controlar estas aplicações.

d) ***Desenhos:*** Adicionar a marca de água aos desenhos bi e tridimensionais.

As marcas de água podem ser classificadas em função do sistema de reconhecimento em que se dividem:

2.4.1 Marcas de água visíveis

As marcas de água visíveis são consideradas uma das marcas de água digitais em que os dados da marca de água são incorporados na capa de uma forma visível que pode ser percebida a olho nu, a capa resultante após o processo de incorporação é totalmente diferente da capa original e esta técnica é considerada a mais importante e a mais comum para proteger as imagens e os vídeos de ficheiros multimédia digitais que são publicados para determinados fins e impedir a cópia ilegal desses meios (Saraswathi, 2011).

Existem certas caraterísticas desejadas na marca de água visível (Raj e Alli, 2012):

• A marca de água é incorporada no âmbito alargado ou no âmbito importante da imagem de cobertura, de modo a impedir a sua remoção.

• A marca de água é incorporada de forma visível sem bloquear os pormenores importantes da imagem de cobertura.

• É difícil de remover, porque isso exige enormes esforços e custos elevados que excedem a compra da marca de água.

• As técnicas da marca de água visível devem ser efectuadas automaticamente com o mínimo de esforço e intervenção humana.

2.4.2A marca de água invisível

Esta é incorporada nos conteúdos digitais de tal forma que os dados incorporados não podem ser reconhecidos (Khanzode, Ladhake e Tank, 2011).

2.5 Algumas vantagens/desvantagens das marcas de água

Devido à importância da marca de água, foram realizadas muitas investigações e estudos neste domínio e menos estudos foram realizados no domínio da marca de água visível. O objetivo de cada um dos tipos é impedir o roubo de dados, mas os métodos utilizados no domínio da marca de água invisível são diferentes dos utilizados no outro tipo. Há certas vantagens da marca de água que são representadas pela reivindicação imediata dos direitos de autor, mas a principal vantagem deste tipo de marca de água é a exclusão efectiva do valor comercial dos documentos que estão sujeitos a roubo e sem diminuir os benefícios a obter do documento para cumprir a fiabilidade. Por outro lado, a marca de água é considerada a melhor forma de evitar o roubo de dados do que uma forma de apanhar o ladrão de dados (Khanzode, Ladhake e Tank, 2011). Para além disso, o local de incorporação dos dados é desconhecido (Raj e Alli, 2012). As marcas de água invisíveis podem ser classificadas da seguinte forma

• **Marca de água robusta:** A utilização deste tipo de marca de água destina-se geralmente a proteger os direitos de autor e a provar o direito de propriedade. A elevada robustez é a base das técnicas de marca de água robusta, uma vez que resiste a todos os processos de processamento de imagens que têm por objetivo destruir ou danificar a marca de água incluída (Katariya, 2012).

• **Marca de água frágil:** As técnicas deste tipo de marca de água têm uma força limitada e são muito sensíveis a todos os tipos de distorção (Katariya, 2012). Como são utilizadas para provar a fiabilidade e obter segurança para os meios de comunicação social e não para provar o direito de propriedade, o objetivo da conceção deste tipo de tecnologias é descobrir a manipulação ilegal, porque as pequenas alterações ou a manipulação na cobertura de transporte resultam numa alteração ou dano nos dados da marca de água (Loukhaoukha, Chouinard e Taieb, 2011).

- **Marca de água semi-frágil:** O desenho deste tipo é mais robusto do que a marca de água frágil e menos afetado pelas modificações do ataque (Saha, Bhattacharyya e Bandyopadhyay, 2010). Como combina as caraterísticas da marca de água frágil e da marca de água robusta para descobrir as tentativas de manipulação ilegais, para além da sua capacidade de resistir a esses ataques, pode ser utilizada para verificar a fiabilidade. A caraterística desta tecnologia é que consegue distinguir entre ataques agressivos e não agressivos e esta caraterística não está incluída nas tecnologias de marca de água frágil (Saha, Bhattacharyya e Bandyopadhyay, 2010).

\- **Marca de água dupla:** Neste tipo, a marca de água invisível é utilizada como meio de apoio à marca de água visível; por conseguinte, é uma mistura de ambos os tipos (Kamble, 2011). A Figura 2.4 mostra a marca de água dupla.

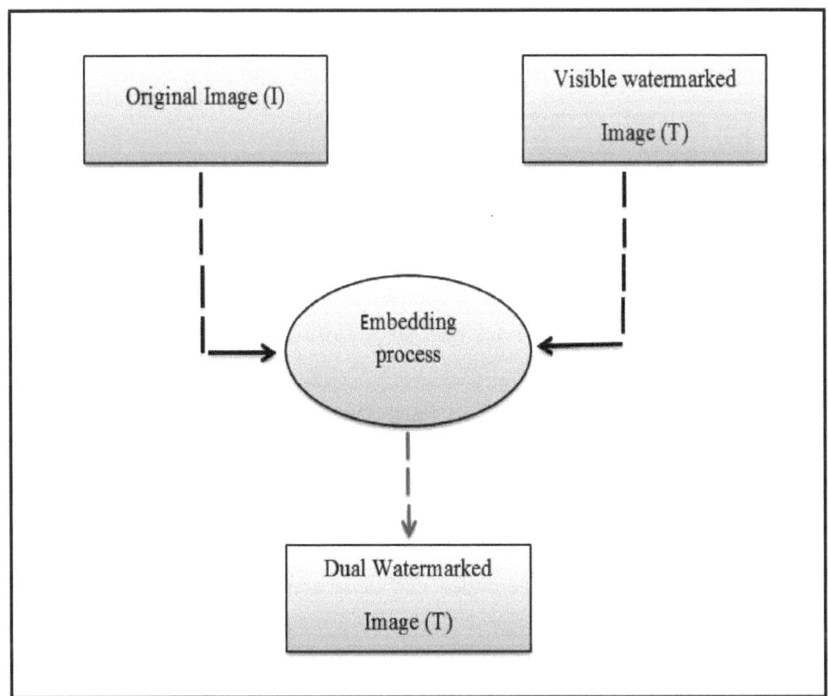

Figura 2.4: A marca de água dupla (Kamble, 2011)

CAPÍTULO 3

TECNOLOGIAS DE MARCA DE ÁGUA

Dependendo da necessidade da imagem de cobertura original para descobrir e extrair a marca de água, as tecnologias podem ser divididas em três categorias, como se segue:

a. ***Não cega:*** Esta técnica necessita da imagem de cobertura original para descobrir e extrair a marca de água, algumas técnicas de marca de água deste tipo são designadas por privadas, uma vez que se referem à chave privada utilizada tanto no processo de incorporação como no de extração (Nyeem, Boles e Boyd, 2011).

b. ***Semi-cego:*** Este tipo é considerado um ramo das tecnologias de marca de água cega e é necessário descobrir o símbolo incluído e a chave privada sem a necessidade da imagem de cobertura original (Aliwa et al., 2010).

c. ***Cego:*** Este tipo não necessita da imagem de cobertura original e é por vezes designado por Público, em referência ao facto de a chave ser utilizada na incorporação e extração da marca de água (Nyeem, Boles e Boyd, 2011).

Além disso, as tecnologias de marcas de água dividem-se em duas partes, consoante o domínio utilizado no processo de incorporação (Singh, 2011):

- Técnicas de marcação de água no domínio espacial.
- Técnicas de marca de água no domínio da frequência.

Nas técnicas do domínio espacial, os dados são incluídos através da alteração direta do valor do pixel da imagem de cobertura, enquanto nas técnicas do domínio da frequência os dados são incluídos após a realização do processamento da transformação na imagem de cobertura. Assim, a técnica do domínio espacial é considerada mais adequada para a marca de água frágil, uma vez que carece de robustez face ao processamento da imagem. Este domínio é caracterizado pelo seguinte (Bedi, Verma e Tomar, 2010):

- O sistema de marca de água é caracterizado pela sua eficiência em descobrir qualquer alteração na imagem de cobertura após a incorporação dos dados.
- O processo de incorporação de dados não deve afetar a qualidade da imagem de cobertura.
- A pessoa que descobre tem de ter a capacidade de identificar o local da alteração na imagem de capa.
- A chave privada acordada entre as duas partes deve ser utilizada para descobrir e

extrair a marca de água; caso contrário, os dados serão apenas ruído.

As tecnologias do domínio espacial caracterizam-se pela simplicidade de conceção e construção dos algoritmos de incorporação, que são ideais para restaurar os dados incluídos em caso de ruído (Manoharan, Vijila e Sathesh, 2010). As desvantagens deste tipo de tecnologia residem no facto de os processos de incorporação serem diretos na imagem de cobertura, para além da baixa capacidade de incorporação de dados (Surekha, Swamy e Rao, 2010).

As tecnologias do domínio da frequência revelaram-se mais eficazes no cumprimento dos requisitos de robustez e transparência do reconhecimento dos algoritmos de marca de água digital do que as tecnologias do domínio espacial (Umaamaheshvari e Thanushkodi, 2012). Devido à dificuldade de destruir os dados incluídos sem efetuar uma alteração evidente na imagem de cobertura (Tawade, Mahajan e Kulthe, 2012).

As tecnologias deste tipo baseiam-se na utilização de algumas transformações que reflectem o domínio da imagem de cobertura para o domínio da transformada, como é o caso das transformadas discretas de cosseno, das transformadas discretas de fourier e das transformadas discretas de wavelet, em que os dados da marca de água são incorporados no coeficiente da transformação através de algumas alterações nos valores dos coeficientes do domínio e isso é feito em função dos dados a incluir. Assim, os dados são distribuídos de forma irregular pela imagem de cobertura após a aplicação da transformação inversa. Este facto torna a manipulação e a descoberta da marca de água mais difícil (Parthiban e Ganesan, 2012). A incorporação da marca de água nas frequências médias da imagem de cobertura gera uma elevada resistência contra os ataques e, ao mesmo tempo, evita a alteração das partes mais importantes da imagem de cobertura, representadas pela região de baixa frequência (Tewari e Saxena, 2010). A interpretação lógica deste facto é que grande parte da energia reside no sinal de baixas frequências, que envolve as partes visíveis mais importantes da imagem de cobertura (Ahire e Kshirsagar, 2011). Por conseguinte, a tecnologia do domínio da frequência é mais complicada e a sua utilização exige muitas operações matemáticas sofisticadas (Parthiban e Ganesan, 2012).

3.1 Classificação da marca de água com base na aplicação

- ***Baseada na fonte:*** É utilizado para identificar o direito de propriedade ou provar a fiabilidade, o que é feito através da adição de uma marca de água excecional a todos os suportes digitais relevantes que serão distribuídos.
- ***Baseado no destino:*** Cada cópia distribuída a partir do suporte digital inclui uma

marca de água excecional para identificar o comprador relevante e pode ser utilizada para localizar o comprador em caso de revenda ilegal (Kushwaha e Singh, 2011).

3.2 Campos de algumas aplicações de marcas de água

A tecnologia de marca de água é caracterizada por aspectos importantes que são: não influencia a qualidade da imagem de cobertura e é impossível removê-la da imagem hospedeira durante a transmissão e, finalmente, quando a marca de água é sujeita a certas alterações da imagem que a transformam, é possível saber algo sobre essas transformações através da forma resultante da marca de água. Por conseguinte, estas três caraterísticas tornaram a utilização da marca de água fiável nas várias aplicações, incluindo (Castiglione et al., 2011).

3.2.1 Inviolabilidade

No domínio da proteção dos conteúdos digitais, a prova da fiabilidade dos conteúdos digitais ocupou grande parte da atenção e a marca de água frágil é utilizada nestas aplicações para identificar se esses meios digitais foram ilegalmente manipulados ao serem transformados através de canais não seguros (Yershov e Rusakov, 2010).

Atualmente, a imagem de comunicação é uma realidade que não pode ser transposta e existem muitos sistemas que utilizam os dados de imagem para obter a fiabilidade do utilizador. Nestes casos, a imagem a ser transformada para efeitos de cumprimento da fiabilidade necessita de mais privacidade. A utilização das tecnologias de marca de água apoia a privacidade das transacções de imagens, pois permite incorporar a imagem privada que deve ser protegida na imagem de cobertura e comprovar a robustez destas tecnologias através da restauração da imagem privada original sem causar qualquer distorção nessa imagem extraída (Indra e Ramaraj, 2012).

3.2.2 Proteção de direitos de autor ou de propriedade

É uma das técnicas de marca de água para identificar e proteger os direitos de autor e impedir que outros reclamem a propriedade dos multimédia digitais, uma vez que a informação sobre a propriedade da marca é incluída nos conteúdos digitais de uma forma que se caracteriza por uma elevada robustez e privacidade para resistir aos ataques (Alvarez et al., 2012).

3.2.3 Recolha de impressões digitais

É uma das aplicações de marca de água utilizada para rastrear os utilizadores do conteúdo digital, o que é feito através da incorporação de uma marca única com os dados de identificação para determinar os utilizadores desses conteúdos digitais.

Assim, os suportes digitais obtidos ilegalmente podem ser identificados e observados (Yershov e Rusakov, 2010).

3.2.4 Proteção de cópias ou controlo de acesso

A marca de água é incorporada nos conteúdos digitais para impedir a difusão ilegal dos meios digitais e é considerada uma política de controlo de acesso ou de controlo de cópias (Castiglione et al., 2011).

3.2.5 Comunicação Oculta

As tecnologias de marca de água também são utilizadas para trocar informações privadas da fonte para o objetivo de forma oculta, uma vez que se espera que estas aplicações tenham uma elevada capacidade de incorporação (Chandra, Pandel e Chaudharl, 2010).

3.2.6 Monitorização da difusão

As tecnologias de marca de água são utilizadas nas aplicações publicitárias, incorporando a marca de água nos meios de comunicação social que estão prontos a ser difundidos (Yershov e Rusakov, 2010).

3.3 A estrutura principal do sistema de marca de água

O algoritmo da marca de água consiste em duas fases principais: a fase de incorporação e a fase de extração.

3.3.1 Incorporar a marca de água

É a fase em que os dados privados são incorporados e é conhecida como a fase de incorporação. Os dados privados a incorporar na cobertura são designados por marca de água, que pode ser um texto, uma imagem, um logótipo ou um número (W), e a imagem original é designada por imagem de cobertura ou imagem anfitriã utilizada para incorporar a marca de água e é o suporte (I). A chave privada (K) pode ser utilizada no processo de incorporação para tornar o sistema mais seguro. Estes componentes representam as entradas da incorporação e a imagem de cobertura após a incorporação da marca de água na mesma, sendo depois designada por imagem da marca de água (I'), que representa o resultado desta fase. A Figura 3.1 mostra o processo de incorporação e é descrito pela Equação 3.1 (Kumar e Santhi, 2011).

$$I' = E(I, W, K) \qquad (3.1)$$

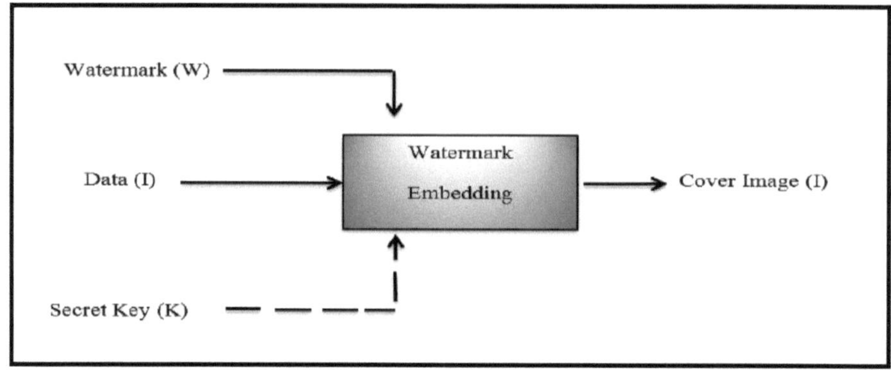

Figura 3.1: Algoritmo de incorporação da marca de água

3.3.2Extração de marca de água

É a fase em que os dados privados são extraídos da imagem da marca de água, como se mostra na Figura 3.2. A chave privada utilizada na fase de incorporação e a imagem da marca de água (I') representam os inputs desta fase, e a marca de água extraída (W) representa os outputs desta fase e o processo de extração (D) pode ser descrito pela seguinte Equação 3.2 (Kumar e Santhi, 2011).

$$W=D\ (I', K) \quad (3.2)$$

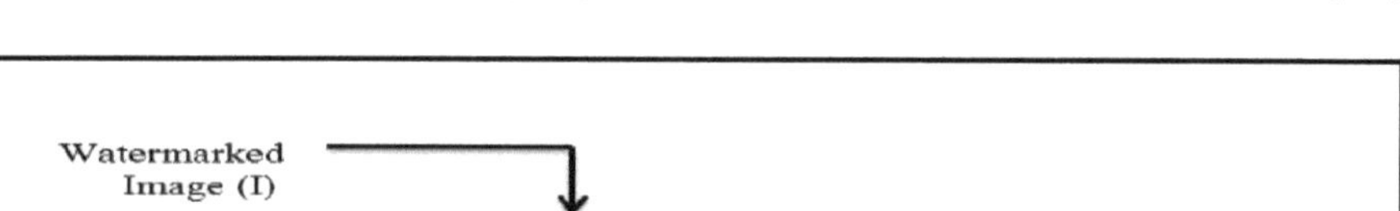

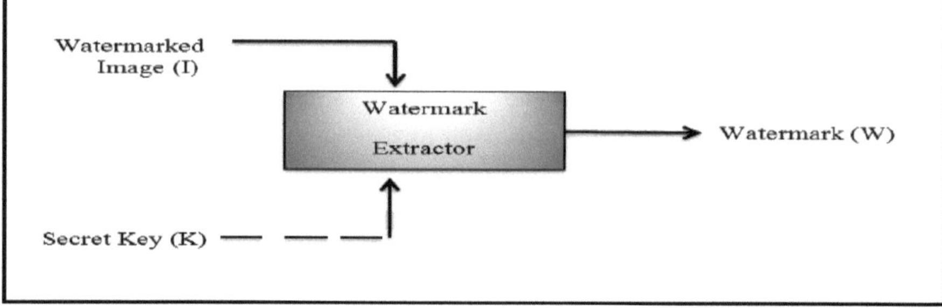

Figura 3.2: Algoritmo de extração da marca de água

CAPÍTULO 4

TRANSFORMAÇÃO DE CONTORNO

4.1 A Transformada de Contorno

As transformadas de contorno são uma nova apresentação das imagens digitais bidimensionais sugerida por Do e Vetterli (2005). É mais eficiente na representação da estrutura de engenharia essencial da informação da imagem, como os contornos suaves nas diferentes direcções da imagem (Shan, Ma e Yang, 2009). Após a fusão, são utilizadas duas estruturas de filtros: a pirâmide Laplaciana LP e os bancos de filtros direcionais DBF.

O filtro LP é utilizado em primeiro lugar para analisar a imagem e o resultado será uma imagem passa-baixo e uma imagem passa-banda, sendo depois seguido pelo DBF, que é concebido para incluir os componentes dos níveis de alta frequência (Rao e Rameshbabu, 2012).

O filtro LP é utilizado na primeira fase para capturar os pontos entre as lacunas e depois é seguido pelo filtro direcional para ligar as lacunas entre os pontos (Goudar e Edekar, 2011). A Figura 4.1 (Majumder, Saikia e Sarkar, 2011) e a Figura 4.2 (Satheesh e Prasad, 2011) mostram a estrutura das transformadas de contorno.

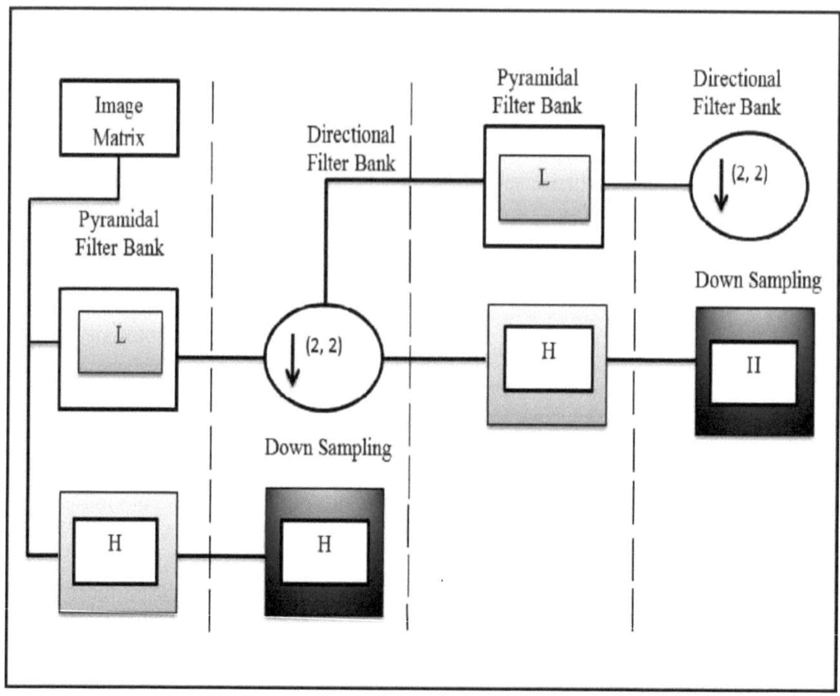

Figura 4.1: A estrutura da Transformada de Contorno (Majumder, Saikia e Sarkar, 2011)

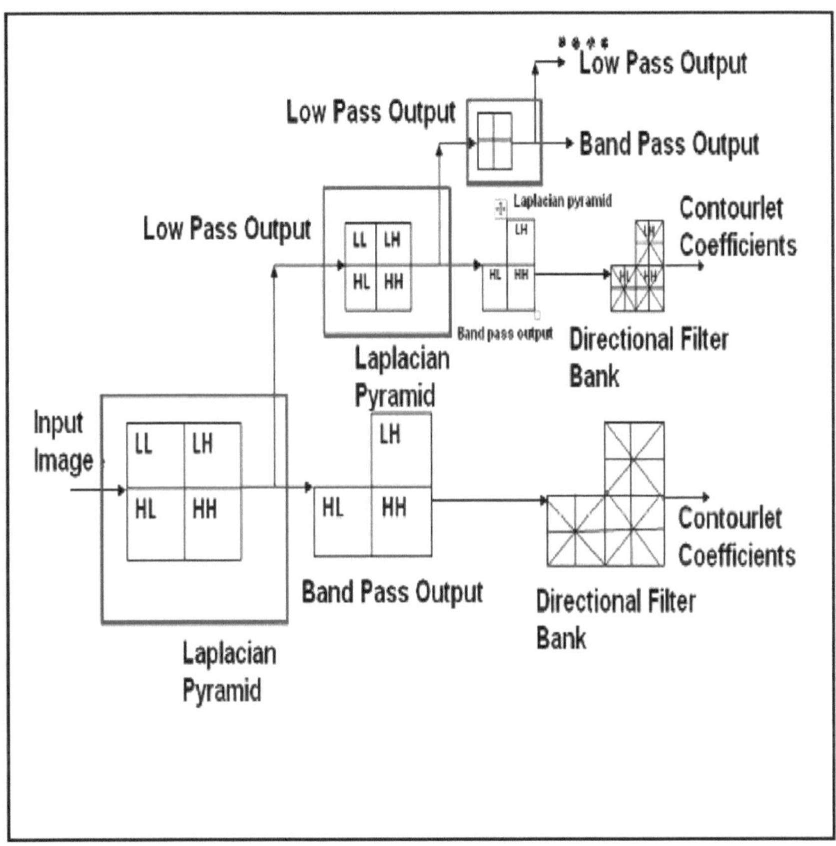

Figura 4.2: A estrutura das transformadas de Contourlet e do filtro direcional (Satheesh e Prasad, 2011)

4.1.1Caraterísticas da transformada de Contourlet

As transformadas de contorno são caracterizadas da seguinte forma (Tamilarasi e Palanisamy, 2011a):

- ***Direccionalidade:*** A representação da imagem deve envolver os principais elementos direccionadores nas várias direcções, muito mais do que as poucas direcções horizontal e vertical na transformada wavelet.
- ***Multi-resolução:*** A representação deve permitir uma aproximação sequencial da imagem, desde uma imagem de resolução normal até uma imagem de resolução fina.
- ***Localização:*** Os elementos básicos na representação de imagens devem ter localizações fixas nos domínios da frequência e do espaço.

• ***Anisotropia:*** Para captar as curvas suaves das arestas nas imagens, a representação deve incluir os elementos principais utilizando um grupo variado de formas alongadas devido às diferentes dimensões.

• ***Amostragem crítica:*** A representação de algumas aplicações, como a compressão, deve constituir uma base ou um pequeno quadro de redundância.

4.2 Decomposição multi-escala

4.2.1 Pirâmide Laplaciana

Um dos métodos de decomposição de imagens com várias escalas é a utilização do filtro Laplacian Pyramid LP, sugerido pelos investigadores Adelson e Burt em 1983 (Tamilarasi e Palanisamy, 2011b). A decomposição da imagem utilizando o filtro Laplacian Pyramid resulta numa cópia amostrada com baixa frequência (c) em comparação com a imagem original e o resultado é (b) também, que é a diferença entre a imagem original e a imagem estimada, uma vez que a imagem será uma banda passante (Hiremath, Akkasaligar e Badiger, 2011). Todo o processo pode ser ilustrado na Figura 4.3 (Ardabili, Maghooli e Fatemizadeh, 2011) da seguinte forma:

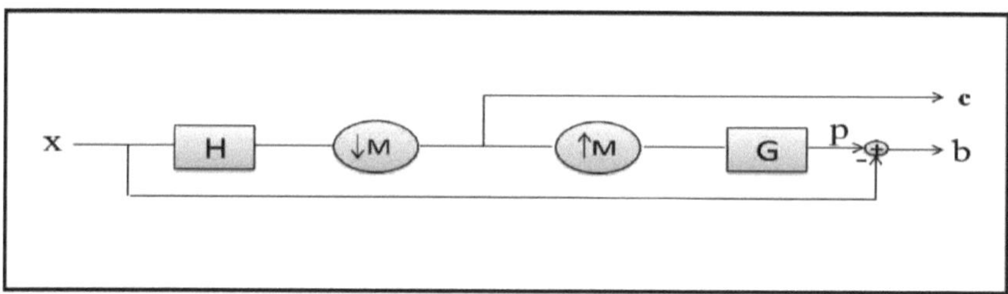

Figura 4.3: Decomposição utilizando a pirâmide Laplaciana (Ardabili, Maghooli e Fatemizadeh, 2011)

Onde:

x: A imagem original.

c: A aproximação grosseira ou a imagem de passagem baixa.

b: A previsão é a diferença entre a imagem original e a imagem estimada que conduz a uma imagem de passagem de banda.

E (H) e (G) são filtros passa-baixo no processo de decomposição e composição, respetivamente, (M) é a matriz de amostragem descendente e o símbolo (M↓) representa a amostragem descendente da imagem negligenciando as linhas ou colunas pares da imagem, mas o símbolo (M↑) representa a recomposição da imagem adicionando zeros às linhas pares (ou colunas) da imagem amostrada descendente. O processo de decomposição pode ser repetido para que a imagem resultante (c) tenha uma composição para mais do que um nível, uma vez que estas imagens são empilhadas como uma pirâmide regular e é por isso que se chama Pirâmide Laplaciana. A Figura 4.4 (Ardabili, Maghooli e Fatemizadeh, 2011) mostra os pormenores:

Onde:

x: A imagem original.

c: Aproximação grosseira da imagem de passagem baixa.

b: A previsão é a diferença entre a imagem original e a imagem aproximada que resulta numa imagem passa-banda e que H e G são filtros passa-baixo na operação de decomposição e construção, respetivamente, e M é uma matriz de amostragem descendente e o símbolo (M↓) representa a amostragem descendente da imagem ignorando as linhas pares (ou as colunas) da imagem, mas o símbolo (M↑) representa o rearranjo da imagem através da adição de zeros às linhas pares ou às colunas da imagem amostrada descendente.

A operação de decomposição pode ser repetida na imagem resultante (c) para obter a decomposição para mais do que uma escala, uma vez que estas imagens são empilhadas como uma pirâmide regular e é por isso que se chama Pirâmide Laplaciana, como na Figura 4.4.

A representação dos dados em vários níveis é uma ideia eficiente e eficaz, uma vez que captura os dados numa forma piramidal. A ideia principal da pirâmide Laplaciana consiste em extrair a imagem grosseira da imagem original através do processo de passagem baixa e de amostragem descendente. Dependendo da cópia grosseira, a imagem original pode ser estimada pelo processo de amostragem ascendente e pelo filtro G e, em seguida, a diferença é calculada b (Devanna e Kumar, 2011).

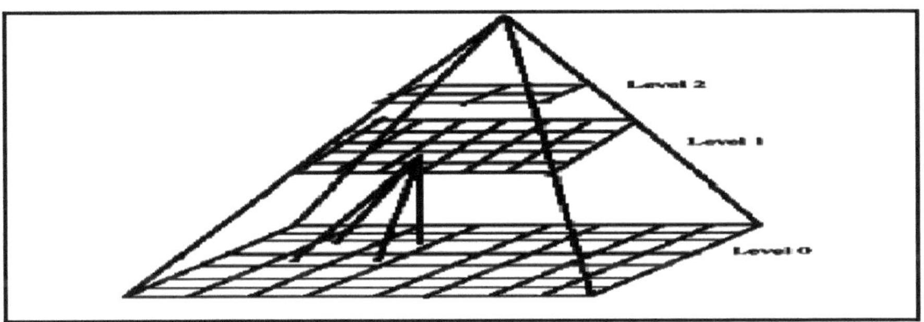

Figura 4.4: Pirâmide Laplaciana (Devanna e Kumar, 2011)

A imagem grosseira pode ser obtida pela Equação 4.1 da seguinte forma (Do, 2001) .

$$c[n] = \sum_{k\epsilon z}^{d} x[k]h[m_n - k] \tag{4.1}$$

A filtragem e a amostragem ascendente resultam da Equação 4.2 (Do, 2001) da seguinte forma:

$$p[n] = \sum_{k\epsilon z}^{d} c[k]g[n - m_k] \tag{4.2}$$

Podemos dizer que sim:

$$Hx = c \text{ e } Gc = p$$

Onde:

P: A imagem estimada

G e H: Os filtros do passa-baixo, (↓ M) H, (↑ M) G e quando m =2, então (Guyeux e Bahi, 2010).

$$G = \begin{pmatrix} \ddots & \vdots & & \\ & g[0] & & \\ & g[1] & \vdots & \\ & g[2] & g[0] & \\ & \vdots & g[1] & \\ & & g[2] & \\ & & \vdots & \ddots \end{pmatrix} \quad H = \begin{pmatrix} \ddots & & & & & & \\ \dots & h[2] & h[1] & h[0] & \dots & & \\ & & \dots & h[2] & h[1] & h[0] & \dots \\ & & & & & & \ddots \end{pmatrix}$$

CAPÍTULO 5

DECOMPOSIÇÃO

5.1 A Decomposição Direcional

Bamberger e Smith (1992) e Truc et al. (2009) sugeriram o Banco de Filtros Direcionais bidimensional e este é representado através da estrutura de decomposição (nível L) que resulta em 2^L de passagem de banda e decompõe a imagem em números binários, dividindo as frequências em forma de cunha.

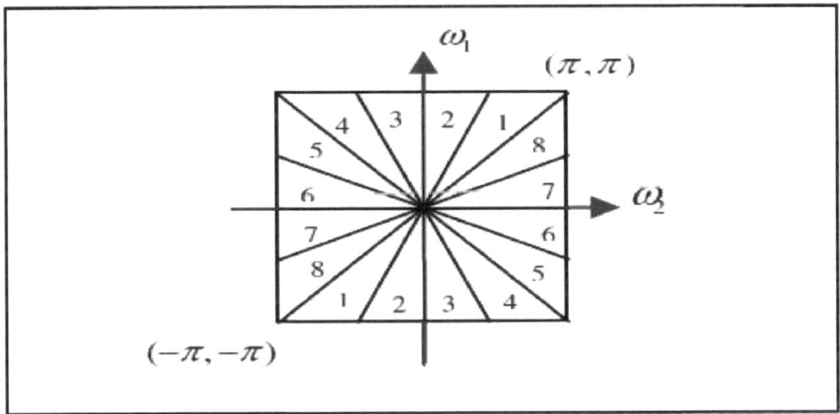

Figura 5.1: A forma de cunha que representa as partes de frequência do banco de filtros direcionais (Xingmei, Guoping e Liang, 2010)

A estrutura original de decomposição do banco de filtros direcionais DFB envolvia a modulação da imagem de entrada e a utilização do banco de filtros Quincunx com filtros em forma de diamante. No entanto, as áreas de frequência das bandas de frequência não proporcionam as divisões direcionais apresentadas na Figura 5.1, pelo que foi utilizada uma nova estrutura do banco de filtros direcionais iterativos que depende do banco de filtros Quincunx (QFB) (Xingmei, Guoping e Liang, 2010). O núcleo do banco de filtros direcionais iterativos com os filtros em leque (Yang et al., 2010). Assim, estava longe de modular a imagem de entrada e as complicações do processo de decomposição.

A nova forma do banco de filtros direcionais consiste em duas estruturas (Xingmei, Guoping e Liang, 2010):

A primeira estrutura é constituída por dois canais, cada um dos quais com um banco de filtros Quincunx QFB com o filtro em leque, como mostra a Figura 5.2, que divide o espetro bidimensional em duas direcções: horizontal e vertical.

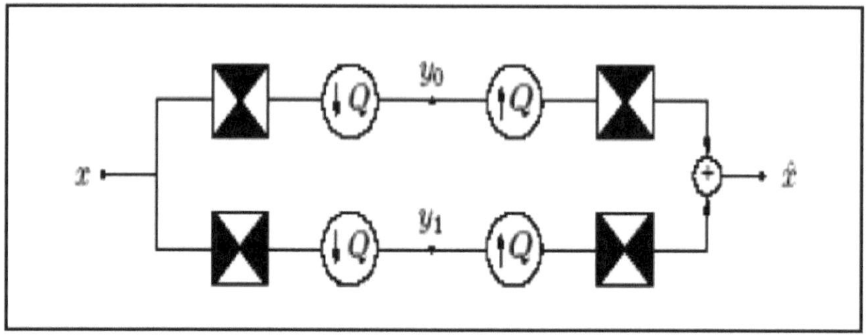

Figura 5.2: A primeira estrutura do banco de filtros direcionais (Xingmei, Guoping e Liang, 2010)

A segunda estrutura do banco de filtros direcionais consiste num par de operadores de corte, cada um deles para um canal do filtro, que apenas reorganizam as amostras da imagem, ou seja, rodam a imagem sem alterar os valores dos dados e, consequentemente, temos duas direcções diferentes. A Figura 5.3 mostra o processo de corte com um anjo (45 graus) de um operador de câmara.

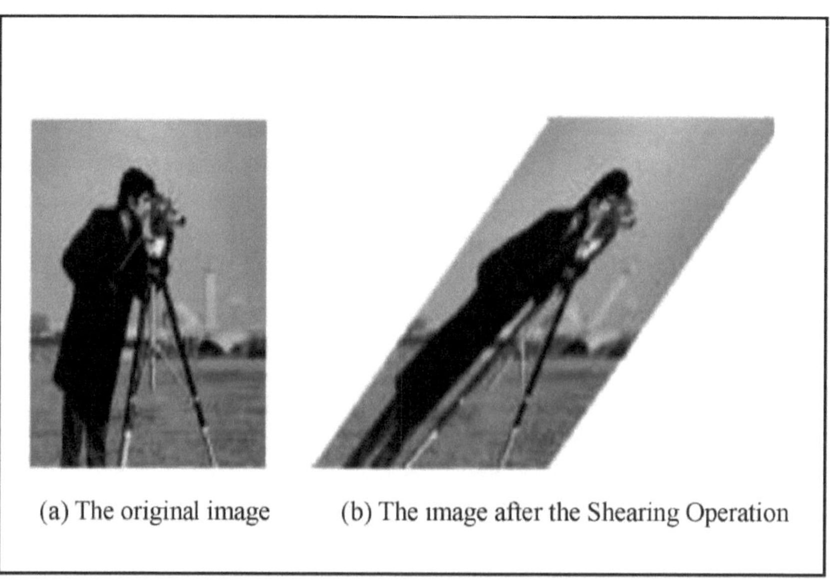

Figura 5.3: A operação de corte foi utilizada como uma operação rotativa (Xingmei, Guoping e Liang, 2010).

As partes de frequência podem ser obtidas para a Figura 5.1 em forma de estaca e isso é feito através da fusão das partes direcionais com o filtro de ventoinha para o QFB e as partes de frequência direcionais resultantes da rotação por meio do operador de corte

(Sandhya, 2011).

O Quincunx pode ser representado pelas seguintes matrizes bidimensionais:

$$Q0 = \begin{pmatrix} 1 & -1 \\ 1 & 1 \end{pmatrix} \quad Q1 = \begin{pmatrix} 1 & 1 \\ -1 & 1 \end{pmatrix}$$

A amostragem utilizando a (Matriz Unimodular) não altera o valor dos dados, mas apenas reorganiza a imagem de entrada. Por isso, a operação é designada por operação de reamostragem. As seguintes matrizes são quadrados inteiros limitados com (±1) utilizados no banco de filtros direcionais sequencialmente para fornecer a equação da operação de rotação:

$$R0 = \begin{pmatrix} 1 & 1 \\ 0 & 1 \end{pmatrix} \quad R1 = \begin{pmatrix} 1 & -1 \\ 0 & 1 \end{pmatrix}$$

$$R2 = \begin{pmatrix} 1 & 0 \\ 1 & 1 \end{pmatrix} \quad R3 = \begin{pmatrix} 1 & 0 \\ -1 & 1 \end{pmatrix}$$

A amostragem ascendente utilizando R_0 é equivalente à amostragem descendente utilizando R_1 (Patel, Shrawankar e Thakare, 2011). Um dos vários métodos de decomposição multidimensional é a chamada forma de Smith, que analisa qualquer matriz correta em UDV, em que U e V são matrizes inteiras unimodulares e D são matrizes inteiras diagonais. De acordo com a forma de Smith, o filtro Quincunx é o seguinte (Yang et al., 2010).

$$Q_0 = R_1 D_0 R_2 = R_2 D_1 R_1 \qquad (5.1)$$

$$Q_1 = R_0 D_0 R_3 = R_3 D_1 R_0 \qquad (5.2)$$

Onde:

$$D0 = \begin{pmatrix} 2 & 0 \\ 0 & 1 \end{pmatrix} \quad D1 = \begin{pmatrix} 1 & 0 \\ 0 & 2 \end{pmatrix}$$

5.1.1 Banco de filtros Quincunx

A matriz Q_0 ou Q_1, de acordo com os níveis e de acordo com a amostragem descendente, roda as imagens de entrada com -45 a +45 graus, respetivamente, e é utilizada para dividir o espetro de frequência da imagem de entrada no canal passa-baixo e no canal passa-alto, utilizando um par de filtros em forma de diamante. O espetro de frequência é dividido no canal (horizontal e vertical) através da utilização do par de filtros em forma de leque. É possível ter um dos pares de filtros a partir do outro filtro, modulando os filtros com um valor de (π), tomando as variáveis de frequência W_0 ou W_1 (Kamble, 2011).

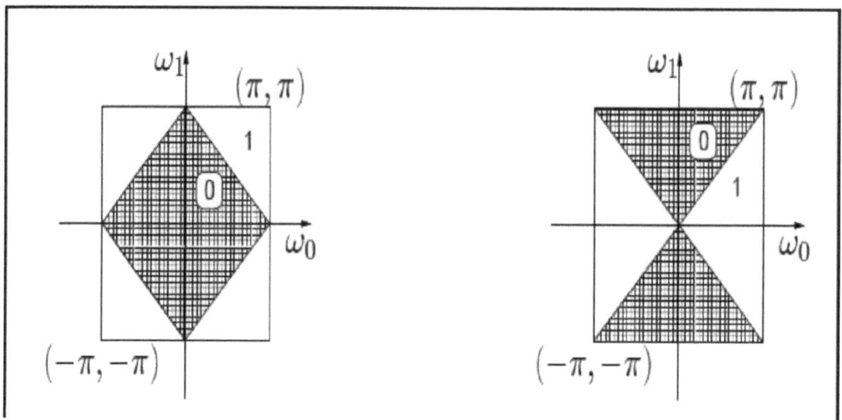

(a) Representa um par de filtros em forma de diamante (b) Par de filtros de ventilador

Figura 5.4: Duas estruturas no interior do QFB cada área representa as frequências óptimas por um par de filtros Filtro (Kamble, 2011)

5.1.2Obtenção de quatro partições de frequência direcionais

Para obter quatro partições de frequência direcionais como na Figura 5.5 (Lydia, Karuna e Prasad, 2011). Assim, as matrizes de amostragem Q_0 e Q_1 estão no primeiro e segundo níveis, respetivamente. Como resultado da amostragem após os dois níveis I_2, 2 = Q1 Q_0 ou amostragem descendente com um valor de (2) para cada dimensão.

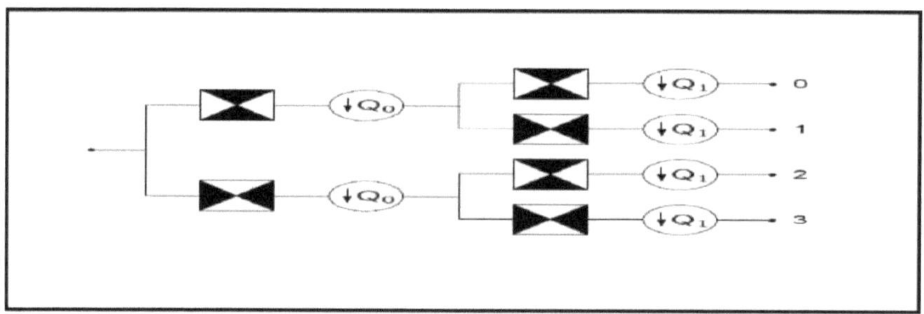

Figura 5.5: O banco de filtros direcionais (Lydia, Karuna e Prasad, 2011)

Quando o filtro de ventilador é utilizado na amostragem descendente através da utilização da matriz de amostragem (M), segue-se a filtragem pelo filtro H (w), o que é equivalente à filtragem pelo filtro H (M^T w) que pode ser obtida através da operação de amostragem de H (w) por (M) antes da operação de amostragem descendente, como mostra a Figura 5.6.

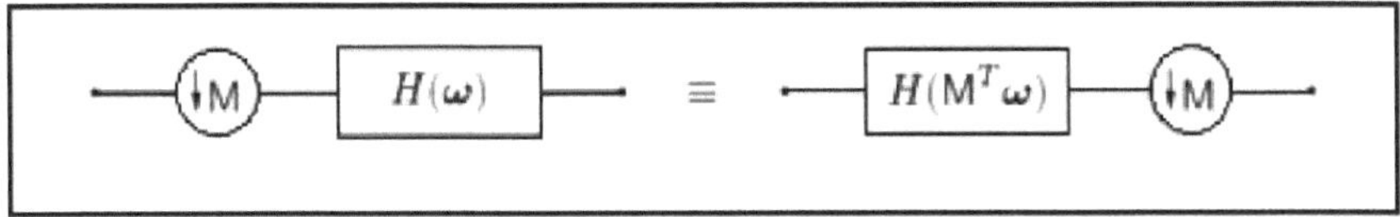

Figura 5.6: A correspondência do com a operação de redução da amostra (Lydia, Karuna e Prasad, 2011)

Pelo que foi referido anteriormente, os filtros do segundo nível da Figura 5.5 na operação de amostragem Q_0, e esta substituição transforma o filtro em leque num filtro equivalente com resposta em frequência de 90 graus (Quadrant Frequency Response), e a operação de o fundir com o filtro em leque do primeiro nível resulta em quatro passagens de banda direcionais, como se mostra na Figura 5.7.

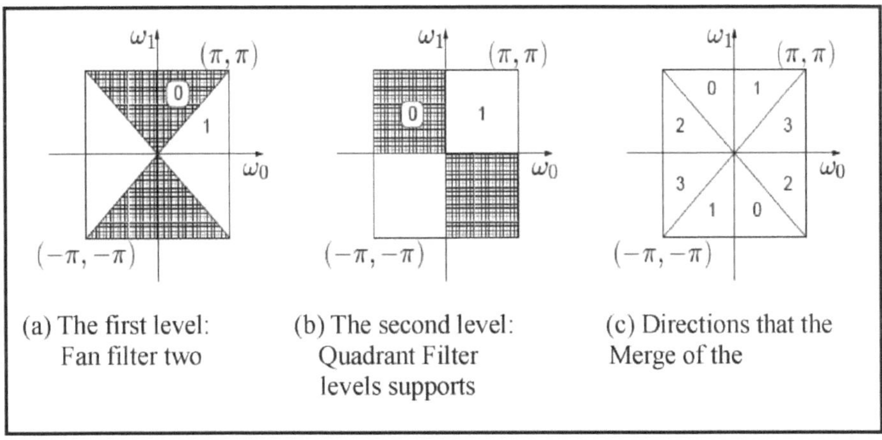

Figura 5.7: Mostra os filtros equivalentes no primeiro e segundo níveis para o DFB (Gao et al., 2012)

No terceiro nível, e para obter partições mais exactas, é utilizado o filtro Quincunx com as operações de reamostragem, como mostra a Figura 5.8.

Figura 5.8: Mostra o Filtro Quincunx com a operação de reamostragem utilizada no Filtro DFB a partir do nível três (Do, 2001)

Existem quatro tipos de reamostragem para o filtro QFB com base nas quatro matrizes de amostragem mencionadas anteriormente (R0, R1, R2 e R3); os tipos R0 e R1 são utilizados na primeira metade do filtro DFB e conduzem às partições de frequência que correspondem às partições horizontais ou às direcções entre 45° e +45° (um exemplo destas partições 1, 2, 3 e 4) na Figura 5.1.

A segunda metade é construída a partir dos canais do filtro DFB, alternando as dimensões N0 e N1 com os canais correspondentes na primeira metade e isto é aplicado a todas as matrizes de amostragem, uma vez que R0 se torna (R2), Q0 torna-se Q1 no filtro DFB. Usando os filtros da Figura 5.6, a reamostragem DFB pode ser equivalente no lado direito da Figura 5.9 (Do, 2001) e da seguinte forma:

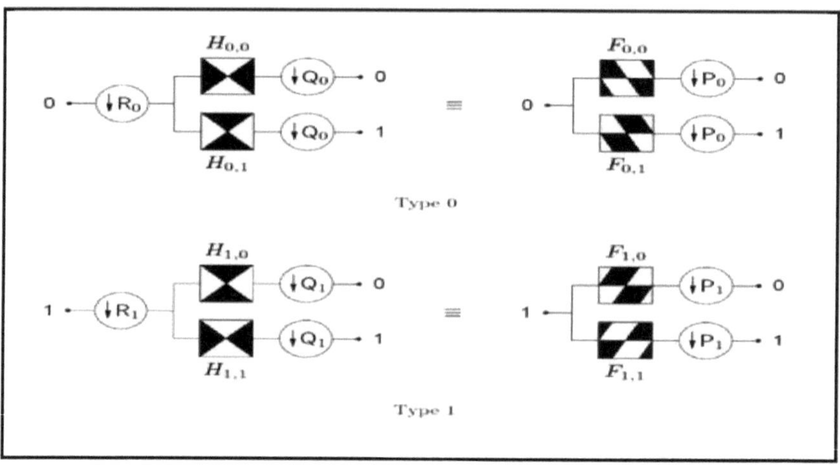

Figura 5.9: O lado esquerdo representa o aspeto analítico do DFB que é utilizado no terceiro nível na primeira metade dos canais QFB

O lado direito representa o filtro equivalente que utiliza os filtros em paralelogramo e as partes pretas representam as frequências óptimas fornecidas pelos filtros. Observando a disposição das frequências fornecidas pelos filtros em leque no QFB, podemos dizer que as leis de expansão no terceiro nível da primeira metade do DFB, o repetidor será o seguinte

Em cada nó, os canais superiores utilizam o primeiro tipo (Tipo 0) do filtro, enquanto os canais inferiores utilizam o segundo tipo (Tipo 1) do filtro. Pode ver-se que a parte analítica do QFB é equivalente ao lado direito da Figura 5.9, como mostra a Equação 5.7.

$$F_{i,j}(w) = H_{i,j}(R_i^T w) \tag{5.3}$$

Seguido da amostragem descendente com Pi = Ri Qi, em que I e j pertencem a {0, 1} (Patel, Shrawankar e Thakare, 2011). O filtro $F_{i,j}(w)$ é o resultado da reamostragem do filtro em leque $H_{i,j}(w)$ na Equação 5.3 mencionada anteriormente

e designa-se por filtros de paralelogramo. A partir da fórmula de Smith nas Equações 5.1 e 5.2, as matrizes podem ser explicadas na operação de reamostragem do QFB na

Figura 5.9 da seguinte forma:

$$P_0 = R_0Q_0 = D_0R_2 \quad (5.4)$$

$$P_1 = R_1Q_1 = D_0R_3 \quad (5.5)$$

Assim, podemos dizer que a reamostragem do QFB para o Tipo0 e o Tipo1 é uma operação de amostragem descendente com um valor de (2) para as dimensões N0 (Goudar e Edekar, 2011).

5.1.3Banco de Filtros Direcionais Verticais e Filtros Direcionais Horizontais Banco DFB Vertical e DFB Horizontal

A forma de estaca com as oito passagens de banda de frequência, como se mostra na Figura 5.1, resulta da análise da DFB das partições de frequência (Gao et al., 2012). Podemos dizer que as partições 1, 2, 3 e 4 representam as direcções horizontais entre (-45 e +45) e as restantes direcções são as direcções verticais entre (+45 e + 135). O DFB pode ser obtido usando o filtro Quincunx repetidamente e nas operações de decomposição horizontal e vertical são usados o DFB Vertical e o DFB Horizontal como na Figura 5.10 abaixo.

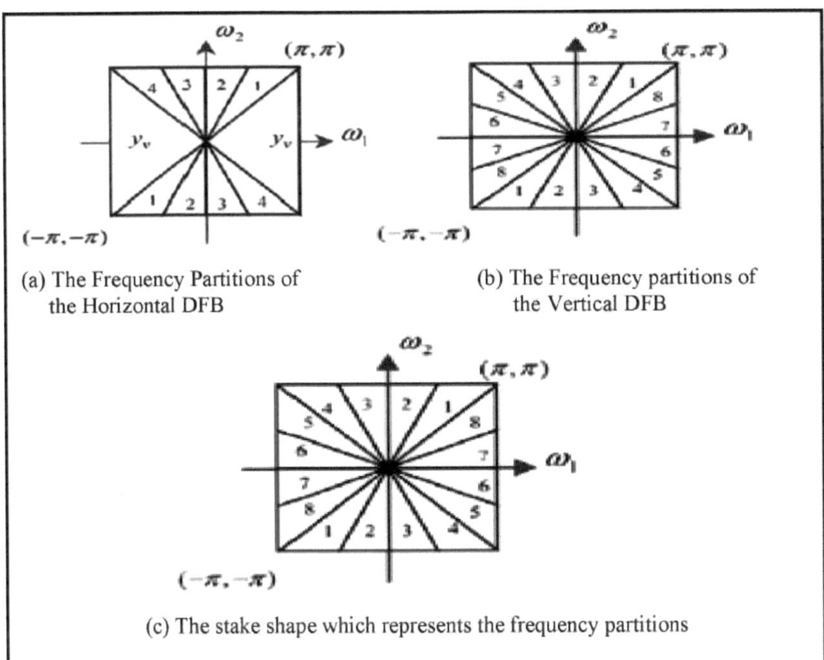

Figura 5.10: As partições de frequência suportadas (Zhao e Hengjian, 2011)

5.2 Decomposição multi-escala e multi-direcional Decomposição multi-escala e direcional

O DFB foi concebido para captar os componentes de alta frequência da representação direcional das imagens. Por isso, os componentes de baixa frequência são poucos neste filtro. Na verdade, as baixas frequências vazam para alguns grupos direcionais de passagens de banda antes de iniciarem o DFB. Por esta razão, o filtro direcional é integrado na ideia de multi-resolução (Arun e Menon, 2009).

O filtro LP permite a ideia de analisar com grupos de passagem de banda até que a análise direcional seja aplicada a cada imagem de passagem de banda resultante. O DFB é aplicado às imagens passa-banda e assim a informação direcional pode ser captada de forma mais eficiente. Esta ideia é aplicada repetidamente às imagens grosseiras com baixas frequências resultantes de cada decomposição LP, com a indicação de que a imagem de baixa frequência é subamostrada, enquanto isso não é aplicado à imagem com altas frequências. O resultado final será uma estrutura de um Banco de Filtros Piramidal Direcional (PDFB) que se decompõe em passagens de banda para mais do que um nível e é uma ideia flexível que permite diferentes direcções em cada nível (Soleymanpour, Rajae e Pourreza, 2010). A Figura 5.11 mostra a aplicação de uma imagem à ideia de estrutura da transformada de contorno.

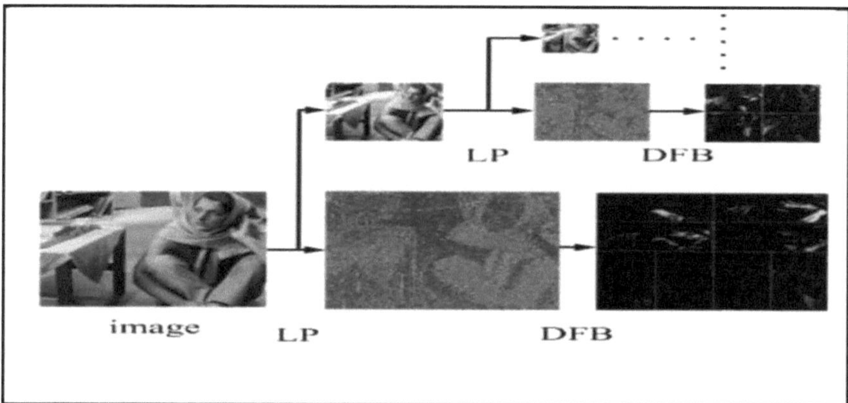

Figura 5.11: Aplicação de uma imagem à ideia de estrutura das transformadas de contorno (Soleymanpour, Rajae e Pourreza, 2010)

5.3 Decomposições multi-resolução

As decomposições de multi-resolução consistem em duas partes principais: A decomposição em várias escalas e a decomposição em várias direcções.

5.3.1 As várias escalas

No PDFB, o LP utiliza filtros perpendiculares e uma amostragem descendente de um valor de (2) para cada dimensão. Assim, o filtro passa-baixo (G) em LP desempenha o papel de uma função de escala ortogonal na Equação 5.6, como se segue:

(5.6)

$$\emptyset(t) = 2 \sum_{n \in \mathbb{Z}^2}^{n} g[n]\emptyset(2t - n)$$

$$\emptyset_{j,n} = 2^{-j}\emptyset\left(\frac{t-2^j n}{2^j}\right), \quad j \in \mathbb{Z},\ n \in \mathbb{Z}^2$$

Podemos dizer que $\{\emptyset_{j,n}\}_{n \in \mathbb{Z}^2}$ é perpendicular ao espaço V_j no nível 2^j e $\{V_j\}_{j \in \mathbb{Z}}$ fornece uma série de espaços com resolução múltipla inter-relacionada (Wu et al., 2009).

Onde V_j está dentro das dimensões 2^j x 2^j que descrevem a imagem no nível 2^j. A imagem diferença (b), ver Figura 3.9, inclui os pormenores necessários para aumentar a resolução entre cada um dos espaços perpendiculares subsequentes. Portanto, ela está dentro do espaço W_j e o complemento perpendicular está em V_{j-1}, como mostra a Equação 5.7, conforme mostra a Figura 5.12 (Yang et al., 2010).

$$V_{j-1} = V_j \oplus W_j \qquad (5.7)$$

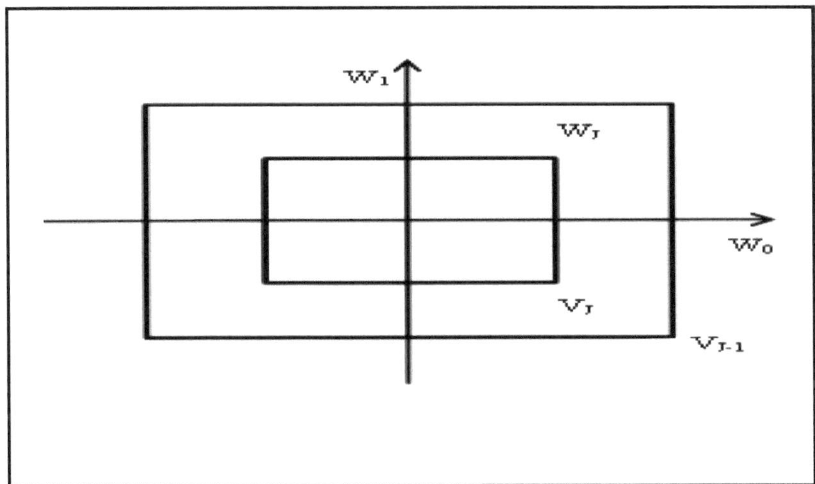

Figura 5.12: Os subespaços em múltiplos níveis formados no Filtro LP (Yang et al.,

2010)

O filtro LP dá origem a duas imagens; a imagem grosseira c[n] e a imagem de diferença b[n] na Figura 3.9, tal como mencionado anteriormente. Cada uma delas provém de uma matriz de amostragem separada e com a mesma matriz de amostragem descendente (M=2), ou seja, (diag (2, 2)), considerando que o filtro F_i, (z)' $0 \leq i \leq 3$ é o filtro passa-alto que é o filtro de reconstrução, tal como nas transformadas wavelet. A função contínua $\psi^{(i)}(t)$ estará envolvida com cada um destes filtros, como na Equação 5.8 (Do, 2001).

$$\psi^{(i)}(t) = 2 \sum_{n \in \mathbb{Z}^2} f_i[n]\phi(2t - n)$$

Isso significa que:

$$\psi_{j,n}^{(i)}(t) = 2^{-j}\psi^{(i)}\left(\frac{t-2^j n}{2^j}\right), j \in \mathbb{Z}, n \in \mathbb{Z}^2 \quad (5.8)$$

5.3.2As múltiplas direcções

Supondo que o filtro direcional nas transformadas de contorno utiliza filtros perpendiculares, nos filtros de contorno após a base intermitente do DFB é considerado como uma alternativa para os subespaços contínuos da análise multinível, embora embora nas transformadas de contorno o DFB seja aplicado a várias imagens ou escalas W_j, o DFB será aplicado às escalas V_j de resolução múltipla (Zhao e Hengjian, 2011). A Figura 5.13 mostra duas partes de duas direcções diferentes depois de lhes aplicar a DFB.

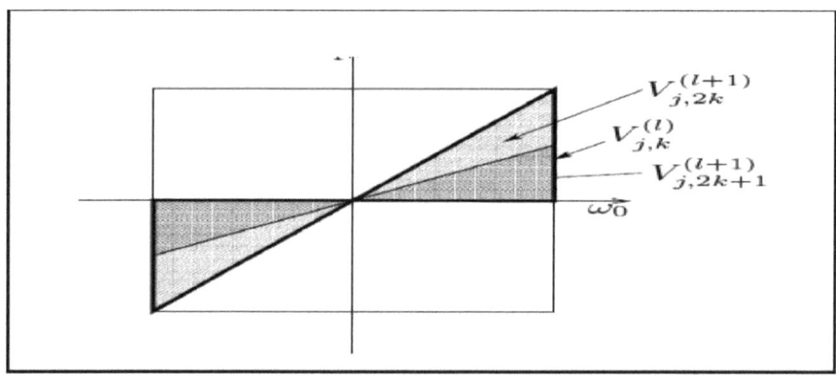

Figura 5.13: Escalas multidireccionais compostas pelo filtro DFB (Zhao e Hengjian, 2011)

5.3.3Multi-escala e multi-direcional

A fusão de ambos os filtros LP e DFB na forma final PDFB e a decomposição direcional são aplicadas ao espaço *Wj*. A Figura 5.14 mostra em pormenor as escalas direcionais no espaço bidimensional de frequências e a representação em rede das transformadas de contorno na direção horizontal (Do, 2001).

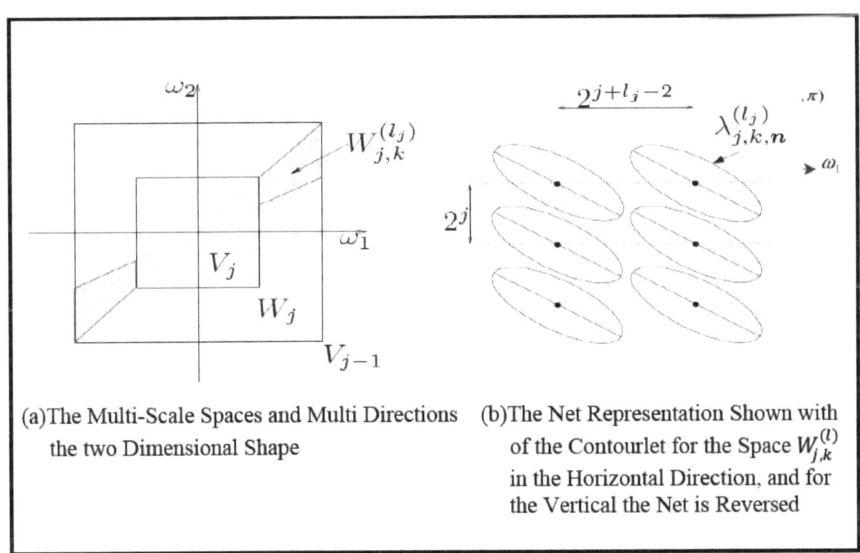

(a)The Multi-Scale Spaces and Multi Directions the two Dimensional Shape

(b)The Net Representation Shown with of the Contourlet for the Space $W_{j,k}^{(l)}$ in the Horizontal Direction, and for the Vertical the Net is Reversed

Figura 5.14: Os espaços das transformadas de Contourlet (Do, 2001)

Onde

j: O indicador da balança.

k: Indicador de direção.

n: Indicador de localização.

l: Indicador de níveis de decomposição DFB.

É c claro que o nível de decomposição direcional pode diferir do número de níveis j e, neste caso, é referido como *lj* (Do, 2001).

O número de direcções é duplicado em cada escala mais fina (Chen e Kegl, 2010). Isto significa que na escala 2^{j0} o início será com a escala l_{j0} no DFB (que tem 2^{lj0} direcções) e depois em níveis mais finos 2^j onde $j < j_0$. Portanto, o número de escalas de decomposição na decomposição com o DFB deve ser como na Equação 5.9 abaixo (Meskine, Mezouar e Taleb, 2010).

$$l_j = \left[l_{j_0} - \frac{j-j_0}{2}\right], for\ j \leq j_0 \quad (5.9)$$

Na Figura 5.15, vemos que o tamanho do LP diminui quatro vezes menos do que o tamanho original, enquanto o número de direcções duplica em cada um dos níveis sucessivos na forma de pirâmide, o que se deve à subamostragem nos dois filtros. Por conseguinte, o tamanho do PDFB, que depende da imagem, muda de um nível para outro de acordo com a relação de escala da curva e é considerado uma das caraterísticas do PDFB, sendo de referir que quanto mais o nível avança, mais fino se torna o LP e haverá mais direcções no processo de decomposição (Ardabili, Maghooli e Fatemizadeh, 2011).

Verifica-se que a resolução aumenta nos domínios espacial e direcional quando se passa dos níveis grosseiros para os níveis mais finos (Meskine, Mezouar e Taleb, 2010), como se mostra na Figura 5.15 e na Figura 5.16.

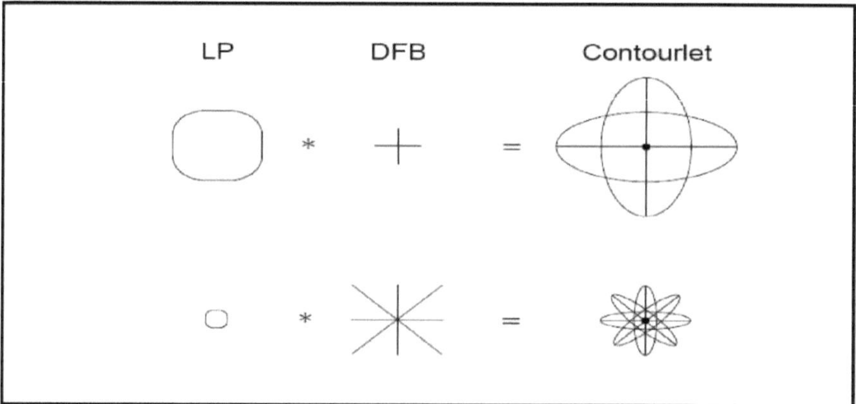

Figura 5.15: O tamanho da LP diminui enquanto o número de direcções duplica (Ardabili, Maghooli e Fatemizadeh, 2011)

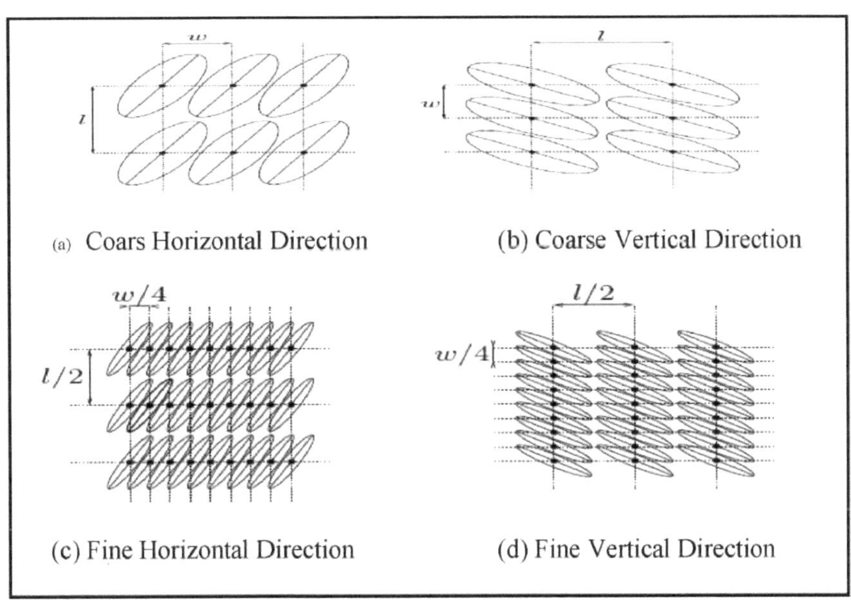

Figura 5.16: PDFB (Meskine, Mezouar e Taleb, 2010)

CAPÍTULO 6

RESE RELACIONADO ARCH

A privacidade da informação tornou-se uma das questões mais importantes na tecnologia da informação e as suas técnicas desenvolveram-se muito na direção do processamento de imagem. Uma vez que este livro abrange dois aspectos importantes que são a esteganografia e a transformada de contorno, uma parte dos trabalhos dos investigadores em ambas as direcções inclui os trabalhos de alguns investigadores que foram publicados no período anterior.

6.1 Investigação sobre a ocultação de dados

Muitos investigadores apresentaram vários trabalhos no domínio da segurança de dados e, em particular, no domínio da esteganografia. Seguem-se alguns dos trabalhos actuais no domínio da Esteganografia no interior das imagens digitais:

Fridrich (1998) sugeriu uma nova técnica no domínio da esteganografia para incorporar a mensagem na imagem com base no tipo de paleta, como os ficheiros GIF. De acordo com a técnica proposta, a incorporação da mensagem na imagem é efectuada através da incorporação de cada célula dupla dos dados da mensagem num pixel da imagem que é selecionado aleatoriamente utilizando o gerador de um gerador de números pseudo-aleatórios em função de uma chave secreta. Em cada pixel da imagem é incorporada uma célula dupla da mensagem e, em seguida, o processo de procura da cor mais próxima da célula dupla da mensagem é substituído pela cor original.

Yang e Chen (2008) desenvolveram um novo método para ocultar a mensagem secreta através de efeitos de animação no ficheiro PowerPoint. Os efeitos de animação foram concebidos para que a pessoa que faz a apresentação os possa utilizar para realçar os pontos principais e atrair a atenção durante a apresentação. O método proposto utiliza vários efeitos de animação para representar diferentes letras. Foi concebido um livro de códigos para registar as letras e os efeitos de animação correspondentes, que é utilizado para transformar as letras da carta secreta em efeitos de animação ou vice-versa. O algoritmo proposto é composto por duas partes: o processo de incorporação e os processos de restauro.

Em ambos os processos, é utilizado o mesmo livro de códigos que funciona como uma pesquisa de tabela e este método não distorce o ficheiro PowerPoint.

Sudeep (2009) apresentou um estudo no qual abordou a melhoria da capacidade de armazenamento de imagens médicas, que poderia atingir um megabit de dados em imagens cinzentas de tamanho 512x512. O investigador utilizou o método LSD (Least Significant Digit) para substituir uma célula dupla da mensagem secreta pelo número menos significativo da imagem.

Sarmah e Neha (2010) desenvolveram um novo sistema de privacidade que aplica uma técnica proposta pelos dois investigadores que utiliza a esteganografia com criptografia. O algoritmo AES foi utilizado para encriptar a mensagem. Parte da mensagem codificada é incorporada no coeficiente da transformada discreta de cosseno DCT da imagem e a outra parte da imagem é utilizada para gerar duas chaves secretas que aumentam a privacidade do sistema.

Mary (2010) apresentou e propôs um novo algoritmo para esconder a informação em tempo real utilizando um vídeo compacto. Neste algoritmo, há um processo de embedding e recuperação que é realizado no domínio da compressão sem a necessidade do processo de descompressão s.

Mohan e Anurenjan (2011) investigaram e sugeriram uma técnica para ocultar a informação, acrescentando outro nível de privacidade ao encriptar o ASCII desses dados utilizando um algoritmo de encriptação e incluindo-o depois no local menos importante LSB das transacções da transformada de contorno da imagem de cobertura.

NitinJain (2012) apresentou um estudo sobre a forma de utilizar os bordos da imagem para esconder a mensagem secreta. Nesta investigação, foram utilizadas imagens a cinzento para tentar encontrar as áreas escuras. Os pontos negros da imagem a cinzento são transformados em imagens duplas para categorizar cada objeto da imagem em oito células duplas ligadas. As imagens resultantes são transformadas em imagens RGB para encontrar as áreas escuras. Se a imagem a cinzento for muito clara, podemos alterar o histograma manualmente para encontrar as áreas escuras. No último passo, cada um dos oito pixéis nas áreas escuras é considerado em e no bloco octogonal 1byte. O valor duplo de cada letra da mensagem secreta é escondido na célula dupla menos significativa de cada bloco octogonal, que é construída manualmente a partir das áreas escuras para aumentar a privacidade.

Saradha e Thamaraiselvan (2012) apresentaram e propuseram um novo algoritmo para esteganografia utilizando o espaçamento palavra-entrada e o espaçamento parágrafo-entrada como método híbrido. A caraterística única do método proposto é a formação de um texto como cobertura com base no comprimento da mensagem secreta do utilizador.

6.2 Propriedades de Contourlet Pesquisa liberada

Porque as transformadas de contorno foram recentemente empregues no processamento de imagens para efeitos de compressão e recuperação de informação, mas os investigadores no domínio da esteganografia realizaram algumas das suas pesquisas para incluir a aplicação de algoritmos de esteganografia no processamento de imagens que são desmontadas utilizando as transformadas de contorno. De seguida, apresentam-se alguns desses trabalhos.

Farhad e Rabani (2010) sugeriram uma técnica eficiente para incluir a marca binária nas transformadas de contorno. O primeiro passo foi reformular a imagem da marca digital para uma matriz unidimensional e, em seguida, efetuar um (XOR) à matriz resultante com a chave secreta para obter uma única matriz com dados aleatórios que é incluída nos coeficientes da transformada de contorno.

Khalighi (2010) investigou que utilizou o esquema de marca de água não cega para incluir a impressão digital com a extensão de bmp depois de a tratar pela transformada de contourlet utilizando um nível analítico. Mas, nas bandas direcionais de alta frequência da transformada de contourlet para a imagem cinzenta da cobertura que tem níveis elevados de energia.

Rahimi e Rabbani (2011) afirmaram que, devido à importância crescente de armazenar e transferir as imagens médicas digitais num ambiente seguro para preservar a privacidade do doente, em investigação que apresentou uma pesquisa neste domínio que visa promover a privacidade e a fiabilidade da transferência dos dados utilizando a técnica de marca de água binária que assenta nas transformadas de contourlet. Os dados secretos com o formato binário foram incluídos em vectores de decomposição do valor singular (SVD) das bandas direcionais de baixa frequência da transformada de contourlet, depois de divididos em blocos com a dimensão dxd.

Das e Kundu (2011) apresentaram uma investigação que visa ultrapassar os problemas de inclusão das frequências altas e baixas nas transformações das transformadas de imagem. O investigador sugeriu um algoritmo híbrido que combina as transformadas discretas de cosseno DCT e as transformadas de contorno, uma vez que a marca de água foi encriptada utilizando um determinado algoritmo de encriptação e, em seguida, os dados resultantes foram introduzidos nas transformadas discretas de cosseno. Enquanto a imagem de cobertura foi analisada primeiro utilizando as transformadas de contorno e, em seguida, as transformadas discretas de cosseno foram aplicadas e, finalmente, os dados da marca de água foram incluídos nessas transformações finais da imagem de cobertura.

Mahesh (2011) investigou e provou que a precisão e a transparência do reconhecimento da imagem de cobertura após a adoção da técnica de marca de água não cega que depende das transformadas de contorno. A imagem a cinzento da capa foi analisada utilizando as transformadas de contorno e a marca de água foi incluída depois de encriptada utilizando o algoritmo Knapsack nos coeficientes de quarto nível das bandas direcionais de alta frequência da imagem de capa.

Kaviani (2011) sugeriu um algoritmo que se baseia nas transformadas de contorno para incluir a marca de água, numa tentativa de alcançar uma elevada solidez. O primeiro passo foi analisar a imagem de cobertura utilizando as transformadas de contorno e, em seguida, as transacções resultantes são analisadas utilizando a SVD e, finalmente, os dados binários da marca de água são incluídos diretamente na mesma.

Mahesh (2011) decidiu que a técnica de marca de água não cega incluía a imagem cinzenta com dimensões de 64x64 no domínio das transformações de contorno da imagem de cobertura com as dimensões de 512x512. Depois de transformar a imagem de cobertura em quatro níveis, a marca de água e as bandas direcionais foram divididas em blocos de 8x8 e os dados secretos são incluídos nas sub-bandas de passagem alta, dependendo do maior grau de semelhança entre os blocos da marca de água e os blocos das bandas direcionais. Em seguida, aplica-se o inverso da transformada de contorno para obter a imagem da marca de água.

Vidhyalakshmi e Vennila (2012) sugeriram um novo algoritmo para chegar a um método ótimo que realize a correspondência entre a marca de água e as transacções das transformadas de contorno, dependendo da escala de entropia para selecionar determinados blocos na imagem de cobertura e, em seguida, tratá-la através das transformadas de contorno e escolher as sub-bandas direcionais de alta frequência para incluir os dados da marca de água no formato binário.

REFERÊNCIAS

Ahire, V. K., & Kshirsagar, V. (2011). Esquema de marca d'água robusto baseado na transformada discreta de wavelet (DWT) e na transformada discreta de cosseno (DCT) para proteção de direitos autorais de imagens digitais. *International Journal of Computer Science a nd Network Security, 11*(8), 208-213.

Alam, F. I., Bappee, F. K., & Khondker, F. U. A. (2011). Uma investigação sobre a ocultação de mensagens encriptadas através de imagens utilizando LSB. *International Journal of Engineering Science and Technology, 3*(2), 948-960.

Aliwa, M. B., El-Tobely, T. E. A., Fahmy, M. M., Nasr, M. E. S., & El-Aziz, M. H. A. (2010). Fidelidade e robustez de marca d'água digital adaptativamente pixel com base na pirâmide medial de imagens de escala de cinza de erro de incorporação. *Revista Internacional de Ciência da Computação e Segurança de Redes, 10*(6), 284-314.

Alvarez, V., Armario, J., Frau, M. D., Gudiel, F., Guemes,M. B., Martin, E., & Osuna, A. (2012). Marca d'água digital cega robusta baseada em GA. http://arxiv.org/pdf/1201.4354v1.pdf

Ardabili, E. R., Maghooli, K., & Fatemizadeh, E. (2011). Extração de caraterísticas Contourlet e classificação adaboost para verificação de impressões palmares. *Journal of American Science, 7(7),* 353-362.

Arun, K. S., & Menon, H. P. (2009). Content based medical image retrieval by combining rotation invariant contourlet features and Fourier descriptors. *Revista Internacional de Tendências Recentes em Engenharia, 2*(2), 35-39.

Bamberger, R. B., & Smith, M. J. T. (1992). Um banco de filtros para a Decomposição Direcional de Imagens: Theory and Design. *IEEE Transactions on Signal Processing, 40*(4), 882-893.

Bedi, S. S., Verma, S., & Tomar, G. (2010). Uma técnica adaptativa de ocultação de dados para autenticação de imagens digitais. *Revista Internacional de Teoria e Engenharia da Computação, 2*(3), 338-344.

Castiglione, A., D'Alessio, B., De Santis, A., & Palmieri, F. (2010). Escondendo informações em documentos OOXML: novas perspectivas esteganográficas. *Jornal Wireless Mobile Network. Ubiquitous Computer Dependable* ***Aplications,*** *2*(4), SO-83.

Chandra, M., Pandey, S., & Chaudhary, R. (2010, julho). Técnica de marca d'água digital para proteção de imagens digitais. *In Proceeding of International Conference on the Computer Science and Information Technology, IEEE,* (Vol. 7, pp. 226-233). Chengdu: IEEE, Sociedade da Computação.

Chen, G. Y., & Kegl, B. (2010). Invariant pattern recognition using contourlets and AdaBoost. *Journal of science direct, Pattern Recognition, 43*(3), 579-583.

Chouhan, R., Mishra, A., & Khanna, P. (2012).Autenticação de impressões digitais por marca de água digital baseada em Wavelet. *Jornal Internacional de Engenharia Eletrotécnica e de Computadores, 2*(4), 523-528.

Das, S., & Kundu, M. K. (2011). Técnica de marca de água de imagem robusta baseada em contorno híbrido-DCT aplicada à gestão de dados médicos. *In Proceeding of 4th International Conference on Pattern Recognition and Machine Intelligence, Springer,* (pp.286- 292). Berlim Heidelberg: Springer, Computer Society.

Devanna, H., & Kumar, G. A. E. S. (2011). Análise de desempenho da transformada de contourlet não subamostrada modificada para denoising de imagens. *Revista de Investigação em Ciências Aplicadas, Engenharia e Tecnologia, 3*(7), 589-595.

Do, M. N. (2001). *Diretional multiresolution image representations,* tese de doutoramento, *Instituto Federal de Tecnologia,* Lausanne, Suíça.

Do, M. N., & Vetterli, M. (2005). A transformada de contorno: Uma representação eficiente de imagens com multiresolução direcional. *IEEE Transactions on Image Processing, 14*(12), 2091-2106.

Dua, T. D. S. (2012). Digital watermarking: técnicas de ocultação de dados digitais para imagens BMP. *Global Journal of Computer Science and Technology, 12*(1), 433-445.

Dukhi, R. G. (2011, abril). Marca de água: Uma ferramenta de proteção dos direitos de autor.

In Proceeding of International Conference on Electronics Computer Technology, (pp. 36-41). Kanyakumari: IEEE, Sociedade de Computadores.

Gao, B., Sha, B., Zhang, Y., & Bi, H. (2012). Esquema de compressão de imagem baseado em HVS no domínio wavelet-contourlet. *Avanços em Ciências da Informação e Ciências dos Serviços, 4*(2),61-64.

Goriac, I. (2011, agosto). Uma estrutura baseada na lógica epistémica para raciocinar sobre a ocultação de informação . *In Proceeding of International Conference on Availability, Reliability and Security, 2011 Sixth,* (pp. 286-293). Viena: IEEE, Sociedade da Computação.

Goudar, R., & Edekar, S. (2011). Canais secretos: Emerged in mystery and departed in confusion. *Revista Internacional de Informática e Segurança de Redes, 11*(11), 34-37.

Guyeux, C., & Bahi, J. M. (2010). Um algoritmo de marca d'água melhorado para aplicações na Internet. *Em Proceeding of International Conference on Evolving Internet.* (pp.119-124). *Valência, Espanha: IEEE,* Computer Society.

Hiremath, P. S., Akkasaligar, P. T., & Badiger, S. (2011). Comparação do desempenho dos métodos baseados na transformada de wavelet e na transformada de contorno para despeckling de imagens médicas de ultrassom. *Revista Internacional de Aplicações Informáticas, 26*(9), 34-41.

Huang, H. C., & Fang, W. C. (2010). Técnicas e aplicações da ocultação inteligente de dados multimédia. *Telecommunication Systems, 44*(3-4), 241-251.

Indra, C., & Ramaraj, E. (2011). Uma incorporação de auto-assinatura para segurança de imagem usando uma rede neural de mapas auto-organizados superiores baseados em similaridade. *Revista Internacional de Avanços em Tecnologia, 3*(1), 15-24.

Rao, S., & Rameshbabu, K. (2012). Implementação da transformada contourlet para proteção de direitos de autor de imagens a cores. *Revista Internacional de Investigação e Aplicações de Engenharia, 2*(2), 968-973.

Kamble, M. V. (2011). Tecnologia de ocultação de informação: A Watermarking. *Avanços na investigação computacional, 3*(1), 37-41.

Katariya, S. S. (2012). Digital Watermarking: Review. *Revista Internacional de Engenharia e Tecnologia Inovadora, 1*(2), 143-153.

Kaviani, H. R., Karimi, N., & Samavi, S. (2011). Marca de água robusta em valores singulares de coeficientes de contourlet. *In Proceeding of 7th Iranian International Conference on Machine Vision and Image Processing,* (pp. 1-5). Teerão: IEEE, Computer Society.

Khalil, M. I. (2011). Esteganografia de imagem: escondendo mensagens curtas de áudio dentro de imagens digitais. *Journal of Computer Science & Technology, 11*(2), 68-73.

Khanzode, P., Ladhake, S., & Tank, S. (2011). Marca de água digital para proteção da propriedade intelectual. *International Journal of Computational Engineering & Management, 12*(1), 8-12.

Kumar, A., & Santhi, V. (2011). A review on geometric invariant digital image watermarking techniques. *Revista Internacional de Aplicações Informáticas, 12*(9),

3136.

Kushwaha, S., & Singh, H. V. (2011). A review of digital watermarking. *Conferência Nacional sobre Eletrónica, Comunicação e Processamento de Sinais,* (pp.134-140).

Lee, C. W., & Tsai, W. H. (2011). Um método de ocultação de dados de grande volume sem perdas baseado na deslocação de histogramas utilizando um esquema de divisão de blocos hierárquicos optimizado. *Journal of Information Science and Engineering, 27*(4), 1265-1282.

Loukhaoukha, K., Chouinard, J. Y., & Taieb, M. H. (2011). Algoritmo de marca d'água de imagem ideal baseado em LWT-SVD via otimização de colônia de formigas multiobjetivo. *Journal of Information Hiding and Multimedia Signal Processing, 2*(4), 303-318.

Lydia, M., Karuna, M. & Prasad, T. D., (2011). Denoising de imagem usando transformada de contourlet com aplicação a radar de abertura sintética. *Revista Internacional de Investigação e Aplicações de Engenharia, 1*(4), 2030-2034.

Majumder, S., Saikia, M., Das, T. S. & Sarkar, S. K. (2011). Esquema de marca d'água de imagem híbrida usando transformada de contorno baseada em SVD e PDFB. *In Proceeding of International Conference on Computer and Communication Technology, 17(7),* 130-134. Allahabad: IEEE, Sociedade da Computação.

Manoharan, J. S., Vijila, K. C. & Sathesh, A. (2010). Performance analysis of spatial and frequency domain multiple data embedding techniques towards Geometric attacks (Análise de desempenho de técnicas de incorporação de dados múltiplos no domínio espacial e de frequência contra ataques geométricos). *Revista Internacional de Segurança, 4*(3), 28-37.

Meskine, F., Mezouar, M. C. E. & Taleb, N. (2010). Um registo de imagem rígido baseado na transformada de contourlet sem subamostragem e em algoritmos genéticos. *Sensores, 10*(9), 8553-8571.

Mohamed Sathik, M., & Sujatha, S. S. (2010). Uma técnica melhorada de marca de água invisível para autenticação de imagens. *Revista Internacional de Ciência e Tecnologia Avançadas, 24*(11), 61-74.

Nyeem, H., Boles, W., & Boyd, C. (2011). Desenvolvimento de um modelo de marca de água em imagens digitais. *In Proceeding of International Conference on Digital Image Computing Techniques and Applications,* (pp.468-473). Noosa, QLD: IEEE, Computer Society.

Parthiban, V., & Ganesan, R. (2012). Esquema híbrido de marca d'água para imagens digitais. *Journal of Computer Applications, 5*(1), 85-95.

Patel , R., Shrawankar, U., & Thakare, V. M. (2013). Transmissão segura de senha usando marca d'água de fala. *Revista Internacional de Ciência e Tecnologia da Computação, 2(3), 315-318.*

Pun, C.-M., & Lam, I.-T. (2009). Marca d'água de impressão digital incorporada por transformada discreta de cosseno para autenticação de propriedade de direitos autorais. *Revista Internacional de Comunicação, 3*(1), 17-24.

Rahimi, F. & Rabbani, H. (2011). Um esquema de marca de água adaptativo duplo no domínio contourlet para imagens DICOM. *Biomedical engineering online, 10*(1), 1-18.

Raj, Y. A. & Alli, P. (2012). Uma análise e visão geral da marca d'água digital moderna. *Jornal Americano de Ciências Aplicadas, 9*(1), 66-70.

Ramana, K. V., Babu, B. R. & Babu, S. C. (2011). Um algoritmo de ocultação de dados seguro e aleatório usando hibridização de arquivos para segurança da informação. *Revista Internacional de Ciência e Engenharia da Computação, 3*(5), 1878-1889.

Run, R.-S., Horng, S.-J., Lai, J.-L., Kao, T.-W., & Chen, R.-J. (2012). Uma técnica melhorada de marca d'água baseada em SVD para proteção de direitos autorais. *Expert Systems with Applications, 39*(1), 673-689.

Saha, S., Bhattacharyya, D., & Bandyopadhyay, S. K. (2010). Segurança na autenticação de marcas d'água frágeis e semi-frágeis. *Revista Internacional de Aplicações Informáticas, 3*(4), 23-27.

Sandhya, G. (2011). Transformada multiescala e direcional para denoising de imagens médicas. *Revista Internacional de Investigação e Aplicações de Engenharia, 1*(4), 20842090.

Saraswathi, M. (2011). Marca d'água visível sem perdas para vídeo. *Revista Internacional de Ciência da Computação e Tecnologias da Informação, 2*(3), 1109-1113.

Satheesh, S., & Prasad, K. V. S. V. R. (2011). Denoising de imagens médicas usando limiar adaptativo baseado em transformada de contourlet. *Advanced Computing: An International Journal, 2*(2), 52-58.

Shan, H., Ma, J., & Yang, H. (2009). Comparações de wavelets, contourlets e curvelets em denoising sísmico. *Journal of Applied Geophysics, 69(2),* 103-115.

Sikarwar, N. S. (2010) Multilevel Steganography: An Enhancement in Steganography and Comparative Study with Current Tools (Uma melhoria na esteganografia e estudo comparativo com ferramentas actuais). *International Journal of Computer and Network Security, 2*(1), 25-29.

Singh, V. (2011). Digital watermarking: um tutorial. *Revistas cibernéticas: Multidisciplinar. Journals in Science and Technology, Journal of Selected Areas in Telecommunication, 11(4),* 10-21.

Soleymanpour, E., Rajae, B., & Pourreza, H. R. (2010, outubro). Identificação e verificação offline de assinaturas manuscritas utilizando a transformada de contourlet e a Support Vetor Machine. *Machine Vision and Image Processing, 9(7),* 1-6.

Surekha, B., Swamy, G., & Rao, K. S. (2010). Uma técnica de marca d'água múltipla para imagens baseada em criptografia visual. *Revista Internacional de Aplicações Informáticas, 1*(11), 78-82.

Tai, W.-L., & Chang, C.-C, (2009). Ocultação de dados baseada em imagens comprimidas vq usando códigos hamming e declustering. *Revista Internacional de Computação Inovadora, Informação e Controlo, 5*(7), 2043-2052.

Tamilarasi, M., & Palanisamy, V. (2011a). Uma codificação incorporada eficiente para compressão de imagens médicas usando a transformada de contourlet. *Jornal Europeu de Investigação Científica, 49*(3), 442-454.

Tamilarasi, M., & Palanisamy, V. (2011b). Compressão de imagens médicas usando a transformada de contourlet baseada em fuzzy c-means. *Journal of Computer Science, 7*(9), 1386-1392.

Tawade, L., Mahajan, R., & Kulthe, C. (2012). Ocultação de dados eficiente e segura usando matriz de referência secreta. *Revista Internacional de Segurança de Redes e suas Aplicações, 4*(1), 41-50.

Tewari, T. K., & Saxena, V. (2010). Um esquema de marca d'água de imagem digital baseado em DCT aprimorado e robusto. *Revista Internacional de Aplicações Informáticas, 3*(1), 28-32.

Truc, P. T., Khan, M. A., Lee, Y. K., Lee, S., & Kim, T. S. (2009). Filtro de realce de vasos usando banco de filtros direcionais. *Computer Vision and Image Understanding, 113(1),* 101-112.

Umaamaheshvari, A., & Thanushkodi, K. (2012). Esquema de marca d'água de alto desempenho e eficaz para imagens médicas. *Jornal Europeu de Investigação*

Científica, 67(2), 283-293.

Vidhyalakshmi, M. & Vennila, G., (2012). Deteção óptima de marcas de água de imagem baseadas em contornos num ambiente ruidoso. *Indian Journal. Innovations, 1*(6), 406411.

Wu, C., Feng, N., Harada, K., & Li, P. (2012). Um método híbrido de remoção de ruído em imagens lasca de vasos sanguíneos. *Journal of Signal & Information Processing, 3*(1), 92-97.

Wu, J., Lee, D., Jiao, L., & Shi, G. (2009). Pirâmide Laplaciana baseada em downs ampling combinada com interpolação directionlet para compressão de baixa taxa de bits. *In* ***Proceedings*** *of Sixth International Conference on Multispectral Image Processing and Pattern Recognition,* ***7498(1),*** 634-641. Yichang, China: SPIE, Sociedade de Computadores.

Xingmei, L., Guoping, Y., & Liang, C. (2009). Um novo método de redução de ruído de imagem utilizando a transformada de contorno. ***Revista Internacional de Aplicação de Tecnologia da Informação Inteligente,*** *3*(1), 25-30.

Yang, G., Fang, X., Jing, M., Zhang, S., & Hou, M. (2010). Projeto de filtro Contourlet baseado na melhor aproximação uniforme de chebyshev. *Journal on Advances in Signal Processing, 32*(10), 33-38.

Yershov, A., & Rusakov, P. (2010). Estegoconstrutor universal no contexto da proteção da propriedade intelectual. *Jornal Científico da Universidade Técnica de Riga. Ciências da Computação, 41*(1), 131-136.

Zhao, S., & Hengjian, L. I. (2011). Codificação de compressão de imagem baseada em representação de imagem esparsa multiorientação. *Journal of Computational Information Systems, 7*(6), 2063-2070.

BIOGRAFIA DOS AUTORES

A Professora Doutora Nadire Cavus nasceu a 16 de agosto de 1972 em Nicósia. Licenciou-se em 1995 no Departamento de Sistemas de Informação Informática (CIS) da Universidade do Próximo Oriente, em Chipre. Em 1997, concluiu um curso de mestrado em Ciências Administrativas Empresariais e começou a lecionar como assistente. A Prof.ª Dr.ª Cavus recebeu o grau de doutoramento do Departamento de CIS da mesma universidade em 2007 e tornou-se professora assistente em 2008. Além disso, recebeu o grau de Professora Associada do Departamento de Educação Informática e Tecnologia Instrucional da Universidade do Próximo Oriente em 2011. Atualmente, é professora e Presidente do Departamento de Sistemas de Informação Informática da Universidade do Próximo Oriente.

Tem muitos artigos científicos publicados em revistas de renome mundial, como o British Journal of Educational Technology, Computers & Education, Advances in Engineering Software, Interactive Learning Environments, entre outras. Ao mesmo tempo, faz parte do conselho editorial e do conselho consultivo de várias revistas científicas. Além disso, actua como árbitro para estas revistas.

A Prof.ª Doutora Nadire Cavus escreveu mais de 35 artigos científicos publicados em revistas de renome, indexadas pelo British Education Index, ERIC, Science Diret, Scopus e IEEE. Além disso, tem 20 artigos científicos apresentados em reuniões académicas internacionais e publicados em livros de actas. Por outro lado, tem livros publicados pelos centros de publicação académica mundialmente famosos e 1 livro publicado pelo famoso centro de publicação académica da Turquia. Além disso, a Prof.ª Dr.ª Cavus organiza conferências e seminários nacionais e internacionais sobre tecnologia educativa, tecnologia da informação e tópicos relacionados.

Orientou muitos projectos de licenciatura e várias teses de pós-graduação sobre os temas da tecnologia da informação e domínios conexos. Além disso, orientou muitas teses de mestrado sobre tecnologia da informação e da educação. Os seus interesses de investigação situam-se no domínio dos sistemas de informação, processamento de imagens, privacidade, comércio eletrónico, desenvolvimento Web, sistemas de gestão da aprendizagem (LMS), linguagens de programação, desenvolvimento de sistemas de ambiente de aprendizagem virtual, tecnologias móveis , desenvolvimento de sistemas de ambiente de aprendizagem móvel, sistemas de aprendizagem móvel, ambiente virtual, ensino à distância, lógica de programação, linguagens de programação para a Internet e algoritmos.

Os seus passatempos são: ler, estudos ambientais e estudos da Terra, música, viajar, trabalhos manuais, voleibol, atletismo, aeróbica, dança, dança folclórica, bordados e costura.

Diyar Qader Saleem Zeebaree é um estudante de mestrado no Departamento de Sistemas de Informação Informática da Universidade do Próximo Oriente, em Chipre. Os seus interesses de investigação são o processamento de imagens, a ocultação de dados, a marca de água, as linguagens de programação e a Internet.

Printed by Books on Demand GmbH, Norderstedt / Germany